©HeRaS Verlag, Rainer Schulz, Göttingen 2014
www.herasverlag.de
Layout Buchdeckel Rainer Schulz
Unter Verwendung eines Fotos von Raphael Thiémard
ISBN 978-3-95914-133-8

Fritz Leverenz

DU HOFFST UND ICH GEHE

Erzählungen

INHALT

Das geschminkte Haus

Eine alte Frau lehnte auf dem Fensterbrett und sah auf die Straße wie in einem Film, dem sie keine glückliche Wendung mehr zutraute. Jonas erkannte das graue Eckhaus mit den weißen wie mit dem Lidstrich gemalten Fenstern an der Sehnsucht, die noch immer an ihnen hafteten. Von innen hatte er voller unterschiedlicher Empfindungen in den Sommer gesehen. Und da, am frischen Rauputz, entdeckte er, ähnlich einer überpuderten Narbe, den Umriss des vermauerten Eingangs. Er hörte die Straßenbahn nahe der Spree an den Kabelwerken. Kürzlich hatte die Queen sie von der Wasserseite her besucht und ein wenig Hoffnung auf Beschäftigung gebracht.

Damals wollte er zum dreiundsiebzigsten Geburtstag seiner Tante Loni nach Köln fahren. Zum ersten Mal hatte er es gewagt, einen 'Reiseantrag' zu stellen. Obwohl er die Entscheidung erst gegen zwölf Uhr vom Polizeirevier abholen sollte, hatte er bereits um Halbsechs, ohne auf Helga zu warten, hastig gefrühstückt. Als bald darauf Helga frühstückte, setzte er sich zu ihr, trank zwei Tassen Kaffee, bemüht, die fantastische Möglichkeit der folgenden Tage durch ein Gespräch über seinen Enkel, zu überspielen. Dann begleitete er Helga zur Straßenbahn und eilte zurück in die Wohnung. In den restlichen Wartestunden der fünf Wochen schlug ihm seine Nervosität auf den Magen. Mehrmals lief er zur Toilette. Gegen zehn Uhr schließlich trieb ihn die Ungewissheit aus dem Haus. Die Wärme stand in Säulen zwischen den Häusern. Es roch nach warmem Asphalt und nach Abgasen. Der Straßenverkehr lärmte blechern, und Jonas schmeckte Staub auf der Zunge. Erst im Park vor dem VP-Revier atmete er durch. Die Nachrichten versprachen gleichbleibendes Wetter. Doch, abgesehen von touristischen Spaziergängen in den Städten (falls ihn das unendliche Glück träfe), würde er bloß wandern, um an Autorastplätze zu gelangen. Um sich nicht in Vorfreude zu verlieren, versuchte er sich abzulenken. Er war nicht abergläubisch, doch ahnte er Macht und Intrigen der Entscheidungsbürokratie. Sie flößten ihm Respekt vor gewissen Sprichwörtern ein. Erträglicher, er rechnete mit Ablehnung. Insgeheim, hinter aller Skepsis, aber erwartete er fest eine Zusage. Vor einer Rabatte mit Studentenblumen setzte er sich auf eine Bank und rauchte. Fand aber nicht die Ruhe, sich zurückzulehnen, warf die angerauchte Zigarette fort und ging weiter.

Er kam siebzig Minuten verfrüht. Aus dem schwarzen Kästchen vor dem Schalter des Wachhabenden nahm er ein Nummernzettelchen, steckte seinen Personalausweis durch den Türschlitz des 'Entscheidungsabholungszimmers', an dem neuerdings verharmlosend 'E-Zimmer' zu lesen stand und setzte sich in den Warteraum nahe der Tür. Beim Anblick der Leute, die schweigend oder flüsternd auf Stahlrohrstühlen ringsum an den Wänden saßen, fühlte er sich zornig, klein und wehrlos. Die Jacke legte er über seine Beine. Mit einem Papiertaschentuch betupfte er sein schweißiges Gesicht. Der graue Lautsprecherkasten über ihm unterbrach, von Zeit zu Zeit einen Namen krächzend, die Stille. Er fühlte sich von ihm beobachtet.

Im E-Zimmer saß er dann um Selbstsicherheit bemüht einem steif wirkenden jungen Polizeileutnant gegenüber. Der hielt quälend lange einen aufgeklappten Personalausweis in der Hand und fächelte damit wie abwägend seinen Daumen. Er trug eine bügelfrische Uniform und roch wie eine Pfefferminzstaude. Auf der Schreibunterlage vor ihm lag ein blitzblauer Pass. Jonas blickte enttäuscht durch das halb offene Fenster auf die helle Straße. Gäbe ihm dieser Esel den Ausweis zurück, hieße das: Reise abgelehnt. Er hatte sich wohl doch zu sehr gefreut. Wozu aber sollte der Leutnant mit ihm spielen, wenn sie nicht genehmigt worden war? So durchtrieben sah er nicht aus. "Danke", sagte er deshalb mit gespielter Zurückhaltung. Er konnte es sich nicht verkneifen. "Wieso danke?" fragte der Leutnant verblüfft und hielt mit dem Fächeln inne. "Wofür?" "Für die positive Entscheidung." Der Leutnant hüstelte.

Legte mit enttäuschtem Gesicht den Ausweis zur Seite, nahm den Pass, schlug ihn auf, blätterte umständlich darin, blickte auf einen Hundekalender, der seinen halben Tisch belegte, sagte in stereotypem Tonfall: "Herr Nöltes, ihrem Reiseantrag wurde stattgegeben" und reichte Jonas, ohne den Blick zu heben, den Pass mit großmütiger Geste. Jonas bedankte sich gegen seinen Willen überfreundlich. "Ich bekomme von ihnen fünf Mark." Der Leutnant pulte, eine Pfefferminzpastille aus einer Rolle und steckte sie in den Mund. Jonas kramte fahrig in seiner Brieftasche und zahlte. Lässig wollte er den Pass in seine Tasche stecken, verfehlte sie mehrmals, musste, seiner Hand Ruhe verordnend, vor dem Schreibtisch verharren. Und mit einem beinahe fröhlichen ein schönes Wochenende verabschiedete er sich. Draußen biss er sich für diese unbeherrschten Momente auf die Lippen. Benommen, als wäre er unvorhergesehen von einer schweren Krankheit genesen, eilte er durch den Park. In den Wochen zuvor hatte er sich vergeblich bemüht, seinen Reisewunsch als das zu betrachten, was es war: eine Möglichkeit, die er durchträumen durfte wie einen fantastischen Reisebericht, wie die von Westbesuchern großzügig überlassenen Landkarten, Stadtpläne und bunten Reisekataloge von Europa. Nichts weiter. Nun dachte er nur einen Gedanken: Raus! Die wichtigsten Sachen gepackt und raus aus dem Käfig. Unbezwingbare Sehnsucht nach Ferne ergriff ihn. Nie, nie zurück! sagte er sich. Den Zellentürschlüssel nicht freiwillig zurückbringen! Endlich,

endlich! Nach wie vielen Jahren eigentlich? Nach vierundzwanzig?! - Raus! Westgeld von der Sparkasse. Koffer. Rucksack. Wichtigste Kleidung, und los! Und - die wichtigsten Papiere! Wo verstecken? Am Körper? Im Rucksack? Mit der Post senden? Gleichgültig. Dieses Visum! Alles Weitere ergäbe sich. Seine persönlichen Dinge holte er nach. Auch Helga, Sybille und den Kleinen. Schritt für Schritt, den seine Gedanken vorausgeflohen waren, aber besänftigten sie ihn. Sie waren es gewohnt, sich mit Ausbrüchen in Fantasieweiten zu begnügen.

Aus der Telefonzelle an der Post rief er Helga an. Käme sie vom Fleischstand weg? Sie hatte ihn gebeten, sie sofort nach dem "Entscheid" zu informieren. Die Ungewissheit der letzten Wochen schien sie noch stärker zu belasten als ihn. Sie hatte wieder auffällig zu räuspern begonnen, klagte über Schluckbeschwerden, über Enge im Brustkorb. Wie damals, als seine Scheidung sich monatelang hingezogen hatte. Erst meldete sich Paulicke, der Bereichsleiter Fleisch und Wurst. Kurz darauf Helgas "Ja, bitte?" Seit sie sich einredete, der Staatsicherheitsdienst würde ihre Gespräche abhören, konnte er sie nicht dazu überreden, sich mit Namen zu melden.

"Hier auch: Ja, bitte", rief er leise und wartete einen Moment der Spannung ab. Er stellte sich vor, wie er sie aus ihren Kurzgesprächen mit Kunden gerissen hatte, wie sie den Hörer mit zwei Fingern hielt, weil sie ihre fettigen Hände nicht so rasch hatte abwischen können und wie gern sie nach Köln mitgefahren wäre.

"Na, und?" fragte sie vorsichtig. Jonas hörte sie sich mehrmals räuspern. Sie kannte seine Niedergeschlagenheit. Er brauchte Wochen, um die Enttäuschung halbwegs zu überwinden.

"Genehmigt", sagte er gelassen, konnte aber nicht verhindern, dass es fröhlich klang. Er fühlte sich einfach unglaublich. Er hörte Helga durchatmen.

"Ich war mir sicher, sie würden dich fahren lassen."
Und erleichtert: "Ich bring Gehacktes mit und brate dir
Bouletten für die Fahrt ..."

"Nein", sagte er erschrocken, "ich nehme schon den Zug
um siebzehnuhrzwanzig."

"Deine Wäsche ... Auf drei, vier Stunden kommt es nun
auch nicht an."

"Auf jede Minute." Und dann entschuldigend: "Ich kann
nicht warten. Meine Wäsche werde ich schon finden." Die
Luft wurde stickig. Ihm schien plötzlich, als berechnete
man ihm für jede Sekunde in der Telefonzelle tausend Pro-
zent Zinsen von den sieben Tagen. "Tschüss", sagte er, "ich
melde mich aus Köln." Und bei dem Wort Köln fühlte er
sich bereits Wochen von Helga entfernt. Für einen Moment
öffnete er die Tür, steckte, auf ein Lüftchen hoffend, seinen
Kopf in die Sommerglut. Danach rief er Sibylle im Sekre-
tariat des Krankenhauses an.

"Ich kann morgen nicht mitkommen", sagte er. "Macht
euch einen schönen Tag."

"Es hat also geklappt?!"

"Ja."

"Schön", sagte sie leise und nach einer Pause: "Gratu-
liere!" Aus ihrer Stimme hörte er Sehnsucht und Resigna-
tion.

"Ich werde euch aus jeder Stadt eine Ansicht schicken
- und fotografieren. In einigen Jahren ... Du bist ja noch
jung ... Du wirst nicht so lange auf freies Reisen warten
müssen wie ich."

"Papa", sagte sie leise, "ich warte schon dreimal so
lange." Anschließend rief er seine Arbeitsstelle an. Klemke
und Lobisch. Sie betreuten die Kabelautomaten in der
Halle II. Mit ihnen wollte er am Abend zum Kegeln. Für den
Fall, dass sein 'Spaziergang auf der anderen Seite des Ba-
ches' abgelehnt würde. Um nicht in Depressionen zu verharren.

Wieder auf der Straße musste er sich dazu zwingen, seine Gedanken zu ordnen. Die Blätter der Pappeln hingen reglos wie in Sirup. Einige Jungen mit Badehosen um den Hals gingen vorüber und schlugen sich übermütig mit Handtüchern. Jonas schien, er hätte sich vor Jahrzehnten verpuppt wie ein Insekt, ohne je auszuschlüpfen. Und nun irritierte ihn diese kindliche Hast, die ihn trieb, die stolpernde Eile, die kleinliche Furcht, mit jeder Verzögerung seiner Abfahrt, längst Vergangenes zu versäumen. Er spielte mit dem Gedanken, sich ins Café Jacqueline nahe der Straßenbahnhaltestelle zu setzen und gemütlich diesen stillen Triumph über die Entscheidungsmafia auszukosten, bei einer Tasse Cappuccino lässig ungezwungen eine Zigarre zu rauchen, als wäre er nun tatsächlich erwachsen. Doch die Straßenbahn kam, und er stieg ein. Als sie rumpelnd in die Edisonstraße einbog und ihn gegen einen Haltegriff warf, sah er angstvoll auf die Uhr. Seit er das Polizeirevier verlassen hatte, waren bereits zweiundzwanzig Minuten vergangen. Das Visum galt ab Mitternacht. Ab Mitternacht in Helmstedt. Zur vorgesehenen Abfahrtszeit stünde er bereits auf dem Hauptbahnhof Köln, seiner Zeitplanung acht Stunden voraus. Einmal um den Dom herumtippeln, sich den Hals verrenken, sozusagen der Größe des Augenblicks angepasst, sich auf einer Parkbank sammeln, mit einem Taxi zu Tante Loni und Onkel Walter (Tante Loni bestand darauf, ihm das Taxigeld zu spendieren), Küsschen, Umarmungen, Geschenke überreichen, die Helga vorbereitet hatte: Häkeldeckchen, selbstgekochte Konfitüre aus selbstgeernteten Stachelbeeren, 'Märchen und Sagen aus den Beskiden'. Tante Loni stammte aus Oberschlesien. Er kannte sie nur durch ihre gelegentlichen Besuche. Doch nun, Gott schütze ihre Gesundheit und bessere die Reiseregelung nach, stand sie ihm näher als je zuvor. Einen Cousin seiner Mutter, den er als Onkel hatte vermerken lassen, besaß erst in acht

Jahren das geforderte Besuchsalter. Und seine List, einen Kriegskameraden seines Vaters als dessen Stiefbruder auszugeben, hatte eine hartnäckige Befragerin bei einem Gespräch mit Helga durchschaut und aus seiner Reiseakte gestrichen. Nach ausgiebiger Erfrischung und kurzem Schlaf würde er sich von Tante und Onkel verabschieden, nicht ohne zu versprechen, am Tag seiner Rückfahrt zu einer "winzigen Nachfeier" einzutreffen. Sie sollten ihn verstehen: Es läge ihm viel an dem Geburtstag, doch *müsse* er seinen Ausgang in die Freiheit nutzen, um sich umzusehen. Das Wörtchen Freiheit musste ihnen doch etwas bedeuten.

Zum ungezählten Mal stellte Jonas sich vor, wie die sieben Tage für ihn ablaufen könnten. Am ersten Tag, also morgen, sofort zur Kölner Polizei, einen Bundespass beschaffen, den DDR-Pass hinterlegen, zum Sozialamt, das Begrüßungsgeld abfassen (Schön wär's, Tante und Onkel erinnerten sich daran, dass ihre Währung in seinem Lebensbereich nicht selbstverständlich war), zurück zu ihnen und den Rucksack gegriffen. Darin das Nötigste für eine Tramperwoche: Regenplane, Parker, zwei Handtücher, zwei Paar Socken, Badehose, Taschentücher, Zahnbürste, Seife, Vitaminbonbon, ein Plastbecher, Besteck und zwei Kilogramm Müsli als eiserne Reserve. Noch am Nachmittag würde er sich zu einer der Tankstellen an die Auffahrt zur Europastraße 41 begeben. Winkzettel, die er sich auf die Brust heftete, für die Hauptrichtungen, lagen als Lesezeichen getarnt bereits in mehreren Stadtführern, die er mitnahm. Und dann ginge die Post ab: Die Tramperroute über Holland, Belgien, Frankreich, München und zurück nach Köln hatte er akribisch vorbereitet.

Am S-Bahnhof Schöneweide stieg Jonas aus. Zwischen Imbisskiosk, Losbude und fliegenden Händlern vor Wassereimern mit Margeriten, Studentenblumen und Nelken oder vor Horden mit jungen Möhren, schritt er durch den

Fußgängertunnel zur Volksbank. Gegen Vorlage seines Visums tauschte er eins zu eins Mark gegen D-Mark. Die Kassiererin zählte ihm mit großzügiger Geste drei Fünfmarkscheine hin und wünschte kühl eine schöne Reise. "Danke", sagte Jonas. "Ich bin mir unschlüssig, ob ich mich drüben als Bettler durchschlage oder als Hungerkünstler. Ich werde wohl den Hungerkünstler vorziehen." Dann fuhr er nach Friedrichstraße. Dort stellte er sich an den Fahrkartenschalter 'Für Reisende in die BRD und in das nichtsozialistische Ausland'. Wenige Schritte entfernt, an einer rot-weißen Stahlrohrbegrenzung, lehnten Wartende wie an der Reling eines im Museum vertäuten Schiffes. Einige hielten Blumensträuße. Sie starrten auf die aluminiumverkleidete graue Tür wie auf die silberne Linie am Horizont. Hin und wieder stieß sie ein, Taschen und Koffer schleppender, Westrückkehrer mit dem Fuß auf, worauf sie sich mit dumpfem Krachen hinter ihm schloss. Meist kamen ältere Frauen, Männer seltener. Von den Treppen her, die zu den Toiletten hinunterführten, stach Salmiakgeruch in die Nase. Zwei breithüftige Bahnpolizisten, die Hände hinter dem Rücken, schlenderten im Gleichschritt zwischen den Wartenden auf und ab, sie mit dienstlich-misstrauischen Blicken streifend.

Zurück in der Wohnung, auf dem schmalen Flur, hielt Jonas inne, bis ihm vertraute Details signalisierten, er träume nicht: Der Geruch frischen Holzes vom Schuhschrank, den er kürzlich gewerkelt hatte, das Frühstücksgeschirr, das er unabgewaschen auf dem Küchentisch hinterlassen hatte, Helgas Nachthemd über der Außenklinke der Schlafzimmertür, sein Pyjama auf der Innenklinke. Wieder spürte er, wie die Hast über ihn herfiel, ihn alle Augenblicke auf die Uhr sehen ließ. In spätestens zwei Stunden musste er gehen. Er setzte den Teekessel auf den Gasherd, verplemperte Wasser, nahm den Pass mit dem Westgeld und der Fahrkarte aus der Jackentasche legte beides in die Glasschale auf dem Wohnzimmertisch. Daneben lag die ausgebreitete Karte von Mitteleuropa. Dann zerrte er Rucksack und Reisetasche zwischen Schlitten und Skier vom Hängeboden (jetzt konnte kein Sprichwort mehr dazwischenfunken), staubte sie über der Balkonbrüstung ab, stellte beide ins Wohnzimmer, ging in die Küche, goss sich einen Henkeltopf voll Kaffee auf, eilte ins Zimmer, trank einen Schluck, verbrühte sich die Lippen, stellte den Topf auf die Karte, verschüttete Kaffee über Schleswig-Holstein, tupfte ihn mit einem Zellstofftaschentuch, öffnete die Türen der Anrichte und hockte sich vor seine Wäsche. Seine Gedanken aber tummelten sich, unfähig für sachliche Arbeit, bereits an der Grenzkontrolle und an Straßenrändern Westeuropas. Er erhob sich, trank, verschüttete wieder eine Lache, diesmal über Südfrankreich, tupfte mit dem Taschentuch, hockte sich vor die Anrichte. Um sich herum stapelte er mehrere Wäschehäufchen. Legte zurück, stapelte hinzu, packte ein, fühlte sich gehetzt. Er trank vom Kaffee, stellte die Tasse behutsam ab, öffnete das Fenster, ließ Wärme und Lärm herein, suchte im Schreibfach der Schrankwand seine Checkliste, mit der er sich auf längere Wanderungen vorbereitete, fand sie nicht. Zwar war er trainiert und nicht zu sehr verweichlicht, doch nicht mehr der Jüngste.

Schließlich setzte er sich wieder. Er kannte sich. Er brauchte einen Moment des Innehaltens. Er strich die Tischdecke glatt und folgte auf der Karte mit der Bleistiftspitze seiner vorgezeichneten Route, die einem lang gestreckten verbogenen Dreieck glich. Auf seinem Kartenweg begegneten ihm seit Wochen bekannte Zeichen, Begriffe und Namen von Städten und Landschaften, Raststätten mit und ohne Übernachtung, Anschlussstellen, der Rhein, Bundesstrasse 8, Europastraße 36, Antwerpen, Brüssel, Paris. Bei Paris verlor er den Schwung, verharrte mit dem Bleistift. Geradezu erheiternd, wie das Visum im Pass ihn

15

dazu brachte, Hals über Kopf seinen Alltag in Stich zu lassen, Freunde, Helga, Sibylle, sogar den Kleinen. Falls das Leben und der staatliche Großmut mitspielten, durfte er den Antrag in fünf Jahren und dann jedes folgende Jahr wiederholen. Und er, kaum den Pass in Händen, lief wie aufgezogen, um keine Sekunde von den sieben Tagen Frist zu verlieren. Lächerlich und beschämend, wie er an der Leine hing und sich abstrampelte. Wie sehr hatte sein Empfinden für den Wert der eigenen Würde in den Mauerjahren gelitten. Er grapschte nach dem Siebentagealmosen, nach dessen Aufzehrung er sich schlechter fühlen würde als zuvor. Gesünder, er führe nicht. Sich überwinden und die Betteltage zurückzahlen.

Er stellte sich vor, wie er die Wäsche zurück stapelte, auf die Uhr sah. Halbsieben.

"Was ist mit dir?" fragt Helga, die eben nach Hause kommt. "Du wolltest bereits gefahren sein."

"Nichts. Ich lege die Wäsche zurück." Sie steht verblüfft. Er faltet die Mitteleuropakarte zusammen, nimmt den Pass aus der Glasschale. Das Geld und die Fahrkarte steckt er in seine Umhängetasche, zieht seine Turnschuhe an, winkt Helga, die stirnrunzelnd in der Küchentür steht und sagt: "Stelle bitte zwei Flaschen Bier kalt." Da er nicht weiß, ob das Polizeirevier bereits um sieben oder erst um halb acht schließt, fährt er eine Station mit der Straßenbahn. Noch immer steht die Wärme zwischen den Häusern. Im Warteraum sitzen zwei oder drei Leute. Er geht vorüber, klopft an die Tür mit dem zynisch-verharmlosenden E-Schild. Da niemand antwortet, drückt er die Klinke und tritt ein. Der junge Leutnant ist eben dabei, Pässe, Personalausweise und Zettel auf seinem Schreibtisch zu ordnen. Er hebt nur kurz den Blick und sagt lustlos: "Stecken Sie Pass oder Personalausweis von außen durch den Türschlitz und setzen Sie sich bitte in den Warteraum."

"Danke", sagt Jonas ihn unterbrechend, "ich bin gekommen, um meinen Ausweis zu holen."

"Den Personalausweis erhalten Sie im Revier einsnullsieben, in der Hämmerleinstraße", sagt der Leutnant nüchtern, als trüge er keine Verantwortung an diesem jämmerlichen Reiserevier. Stutzt dann, sieht hoch und fragt: "Waren Sie nicht vorhin erst hier?"oder "Wieso heute?"

"Na, wie das Schicksal so spielt", antwortet er, oder: "Weil es zeitiger nicht ging." Er greift in seine Tasche und reicht seinen Pass über den Tisch. Der Leutnant nimmt ihn mit kaum verhohlener Langeweile, gähnt, blättert, blickt, beim Visumstempel angelangt, fragend auf: "Stimmt etwas nicht, Herr Nöltes?"

"Genaugenommen, stimmt Vieles nicht", antwortet er mehrdeutig. Der Polizist blättert, diesmal sichtlich verstört, wiederum im Pass. "Stimmt das Datum nicht?" Blickt neben sich auf den Hundekalender. "Heute haben wir den acht - zehnten Ju - lei." Er spricht das Datum gedehnt, als müsste er es auswendig lernen, und vergleicht es mehrmals mit dem Visum. "Muss der Pass verlängert werden?" Er wird ungeduldig. "Ist eine Seite beschädigt oder herausgerissen? Steht ein unpassender Grenzübergang im Visum? Sie müssen schon sagen, was Sie wollen." Ich habe ihn aus seiner überlegenen Ruhe aufgestört, denkt Jonas, wenigstens das.

"Bitte", sagt er und legt Spannungspausen ein, "ich verzichte. - Nach eingehender Prüfung der gegebenen Umstände habe ich mich entschieden, - Ihrer großzügigen Geste, mich, jedoch ohne meine Frau, zu meiner Tante reisen zu lassen, nicht stattzugeben."

"Ach, so. - Na, schön", sagt der Polizist mit leiser Drohung, "das war's dann, Herr Nöltes", streicht kurz mit einem Kugelschreiber das Visum, stempelt einen fetten Text darüber und reicht Pass und Ausweis über den Tisch. "Jeder weitere Antrag von Ihnen erübrigt sich künftig. Auf Wiedersehen."

Man müsste die Kraft dazu aufbringen, ihnen den lausigen Knochen zurückzuwerfen. Man *müsste* ... *Ich* müsste ... Jonas nahm die Kaffeetasse und nippte daran. Der Kaffee schmeckte lauwarm und abgestanden. Mit der freien Hand schob er ... die Bleistiftspitze auf der Karte weiter: zurück auf der E 11, Nancy ... Stuttgart ... München ... Salzburg ... Wien; zurück auf der E 5, Regensburg ...

(Veröffentlicht in 'East Side Stories', Holzheimer Verlag Hamburg, 2006)

Der lange Weg nach Tipperary

Knapp fünf Monate nach dem Fall der Mauer sollte an der Stadtgrenze zwischen Hohen Neuendorf und Berlin-Frohnau von den Bürgermeistern beider Orte die fast drei Jahrzehnte getrennte Fernverkehrsstraße wieder für den Verkehr freigegeben werden. Der Gedanke, er könnte Fredi Blum treffen, war ihm auf dem Weg von Birkenwerder nach Hohen Neuendorf gekommen. Obwohl sie sich eher oberflächlich gekannt hatten, schien für ihn plötzlich das eigentlich Wichtige an diesem Tag zu sein, Fredi Blum zu treffen. Sofern er nicht noch Ende des Jahres Roland Witke nach Kanada gefolgt war, was er sich nicht denken konnte, da auch er auf die Fünfzig zuging, ließe er sich die Genugtuung dieses Spektakels keinesfalls entgehen. Träfen sie sich, fände die deutsche Einigung für ihn einen ganz persönlichen Schnittpunkt.

Helmut Gollat fühlte sich heiter und leicht, als wäre endlich eine schwere Aufgabe erfüllt, und er hätte seinen Teil dazu beigetragen. Es war einfach großartig. Die beiden gestückelten Enden der Straße, von denen das eine Ende noch Fernverkehrsstraße 96 und das andere bereits Bundesstraße 96 hieß, würden wieder zusammengefügt. Auch das Wetter spielte mit, zeigte sich sonnig und angenehm warm, und sicherlich träfe er Fredi Blum. Ihm war er fast ebenso lange nicht begegnet, wie die Verkehrsader hier verödet lag.

Immer wieder hatte Gollat das Gesicht von Fredi Blum vor Augen. Die hellblauen lächelnden Augen, die rosige, pfirsichfarbene Haut mit den rotblonden in der Sonne blinkenden Härchen am Kinn, den spöttisch verzogenen Mund.

Aus Häusern, von Straßenschildern, aus Seitenstraßen quollen ihm Erinnerungen zu. Die beiden Orte schienen vor fröhlicher Aufgeregtheit zu hüpfen. Gesprächen Entgegenkommender entnahm er, die Bürgermeister hätten die Grenze wegen des Andrangs eine halbe Stunde vorfristig eröffnet. Gollat fühlte sich jäh enttäuscht und schritt rascher, war nahe daran, in Laufschritt zu verfallen. Nicht einmal an solch einem Tag konnten sie pünktlich sein. Gerade an diesem Ort hatte er keine Sekunde dieses, wenn auch bloß symbolischen Durchbruchs, versäumen wollen: Das Zerschneiden des schwarz-rot-gelben Bandes durch beide Bürgermeister am ehemaligen Standort der Mauer. Er war so häufig vergeblich gegen eine imaginäre Wand angerannt: in Träumen, Bittschreiben, abgelehnten Reiseanträgen, im täglichen Flug seiner Gedanken, dass er die Enttäuschung beinahe als körperlichen Schmerz fühlte.

Während er sich der Stadtgrenze näherte, wuchsen seine Spannung und die freudige Erwartung eines Wandels, die sich seit vielen Jahren in ihm angestaut hatte. Wie die Mauer aus Betonfertigteilen seit drei Monaten segment- und scherbenweise abgetragen wurde, wollte er auch in sich zusammenbrechen fühlen, was ihn erniedrigt und gedemütigt hatte. Er sehnte sich danach, die Grenze, die nun von einer zeitweiligen Staatsgrenze zurück zur gewöhnlichen Stadtgrenze befördert worden war, zu überschreiten. Vor 1961 kannte er sie gar nicht. Erst die Mauer hatte sie ihm scharf markiert. In den Jahren danach war sie seinem Bewusstsein allmählich entwichen und zurückgesunken in Bereiche seiner Fantasie.

Gollat glaubte zu spüren, wie der Kreis sich schlösse, der vor drei Jahrzehnten ohne sein Zutun unterbrochen worden war.

Er müsste nur hergehen, seinen Empfindungen und Gefühlen von damals folgen, und der Zeitbruch heilte, wie ein Knochenbruch heilte, der endlich geschient wurde. Er träfe außer Fredi Blum noch andere Bekannte, man fände sich in gemeinsamen Erinnerungen, redete über die Jahre, wie über einen hartnäckigen kalten Winter, den man überstanden hätte.

Fredi Blum hatte früher ganz in der Nähe gewohnt. Beide hatten sie am gleichen Tag eine Lehre als Former in der Eisengießerei begonnen. Roland Witke begann seine Lehre ein Jahr später. Ende August trafen sie sich an einem sonnigen Nachmittag vor der schweren grauen Stahltür zur Gießerei. Er öffnete, und sie beide tauchten ins Halbdunkel der großen Halle. Von schwarzen Kästen, die einzeln oder in hüfthohen Stapeln überall auf dem schwarzen Sandboden standen, dampfte und qualmte es, und er hatte den Geschmack von Schwefel und Staub im Mund. Eben hatte die 'Gießzeit' begonnen. Meister Stein, ein untersetzter Mann, Anfang sechzig, eine speckige Schirmmütze auf seiner Glatze führte sie herum und erklärte ihnen die verschiedenen Arbeitsplätze. Auf einigen Kästen glühte es, in andere gossen Arbeiter aus eimergroßen rostigen Kellen einen weißglühenden Strahl. Für ihn blieb das so ungewöhnlich riechende, von flüssigglühendem Eisen durchbrochene Halbdunkel ein Geheimnis, das sich erst nach Tagen erschloss. Fredi Blum dagegen schien das Wesentliche der Gießerei sofort durchschaut zu haben. Er erklärte ihnen mit lebhafter heller Stimme Details, oft bevor Meister Stein seine speckige Mütze abgenommen, sich den blanken Schädel gekratzt und umständlich nach Worten gesucht hatte. So blieb es bis zum Schluss ihrer Lehre: Fredi Blum war ihm immer ein paar Schritte voraus, erfasste rasch das Formen komplizierter mehrteiliger Modelle, während er die einfachen Arbeiten erhielt. Sand und Eisen waren nicht seine Elemente, Holz und bedrucktes Papier sagten ihm mehr. Er hatte Förster oder Drucker werden wollen.

Seine Beziehung zu Fredi Blum und Roland Witke endete so abrupt wie absurd. Er hatte diesen Abbruch hingenommen mit der stillen Trauer, mit der er wieder und wieder unerwartet beendete Beziehungen hatte hinnehmen müssen. Hatte er hier begonnen, Demütigungen als solche zu verdrängen, sie hinzunehmen, zu dulden, zu erdulden? Nicht wirklich, nicht offen, und immer seltener gegen Trennungen, gegen Beschränkungen zu widersprechen, sich aufzulehnen, bis jeder Widerspruch in ihm verstummte?

Er war aufgewachsen mit dem plötzlichen Verschwinden menschlicher Beziehungen. Nachbarn, Freunde, Bekannte, Verwandte verschwanden ohne Ankündigung, ohne Abschied nach 'drüben', in den Westen. Über Jahre und Jahrzehnte wurden die menschlichen Kontakte ausgedünnt. "Ich hätte mir über jeden der rübergegangenen Verwandten, Freunde, Bekannten, Nachbarn, Kollegen notieren sollen, was er mir bedeutet, was ich an ihn verloren, was für eine Lücke er gerissen hatte", dachte Gollat. "Vom ersten Abgehauenen, an den ich mich erinnere, bis zum letzten. Jeder hätte es tun sollen. Eine Chronik menschlicher Verluste wäre entstanden, eine Deutsche Trauerchronik. Wir wüssten um unsere Verluste und müssten uns nicht in politischen und ideologischen Begründungen zergrübeln. "

Der erste Abgehauene, an den er sich entsann, war Bergemann, der Kohlenhändler von gegenüber, ein stämmiger gedrungener Mann, der in Birkenwerder Großfeldhandball gespielt hatte. Er fuhr einen mit Holzgas betriebenen Lastwagen, auf dem er oft mitgefahren war. Eines Tages sprachen die Leute davon, Bergemann wäre in den Westen abgehauen. Mit Wagen, zwei Hängern und sämtlichem Hausrat unter Brikettkohlen, habe er unter Beschuss durch Grenzsoldaten die Schlagbäume zu Berlin-Frohnau durchbrochen. Der letzte Rübergegangene, der seine persönliche Deutsche Trauer-Chronik schloss, war sein Sohn, der vor einem halben Jahr über Ungarn nach Österreich gegangen war.

Fredi Blum und ihn verband der Riss, der sich durch das Land zog, eine behutsame Neugier auf ihre unterschiedliche Sicht auf ihn. Er hörte ihn noch sagen: "Bis dann in Tipperary!"

O, sie hatten sich viel zu erzählen.

An den unruhigen, forschenden Blicken der Besucher bemühte sich Gollat zu erkennen, wie jeder im Gesicht des anderen dieses unaussprechlich Neue, Langerhoffte suchte. Er war tief bewegt davon, in dem Gedränge der Menschen zu schwimmen und mitzuerleben, wie zumindest die Älteren unter ihnen da anzuknüpfen suchten mit ihren Erinnerungen, wo ihre Begegnungen mit dem anderen Teil Berlins vor fast dreißig Jahren hatten abbrechen müssen, als suchten sie, wie er Fredi Blum suchte, einen wichtigen Bekannten aus jener Zeit, der ihnen bestätigte, dass die Mauerjahre nicht gänzlich vergeudet waren. Der Schaden an verhinderten Begegnungen war tatsächlich unermesslich.

Das Kommen und Gehen, das Hin und Her aus West und Ost vermischte sich schon nach kurzer Zeit. Doch glaubte Gollat den Leuten die politische Himmelsrichtung, in der sie gelebt hatten, an ihren Augen, ihrem Gesicht, ihrem Gang, an ihrer Neugier zu diesem Tag ablesen zu können. Was ihm sofort auffiel: das ihm ungewohnt laute und bestimmte Auftreten – selbst bei Kleinigkeiten, als fürchteten sie immer jemanden in der Nähe, der sie ihnen streitig machen könnte.

Er las ihnen die Himmelsrichtung daran ab, wie sie mit diesem Tag umgingen: im Gegensatz zu seiner ausgelassenen, ihre gelassene Freude, die weniger die Not versäumter Jahre kannte. Sie gingen, immerhin war Wochenende, gut angezogen, Hand in Hand, Arm in Arm, so, als wäre Ostern oder Himmelfahrt. Ja, daher kannte er diese gelassene würdevolle, mitunter herablassende Freude: von den Besuchern aus dem Westen vergangener Jahre. Und dennoch wirkten sie auf eine sichtbare Art verstört, aufgestört in ihren Gewohnheiten, in ihrem Alltag, als müssten sie jemanden kennenlernen, begrüßen, den sie zwar in Arrest wussten, aber nicht wirklich vermisst hatten, der ihrem Leben nicht wirklich gefehlt hatte.

Zwischen Hohen Neuendorf und Berlin-Frohnau, über die Stadtgrenze hinweg, glich die F 96 einem Straßenmarkt. Gollat ließ sich in Strömung und Gegenströmung der Besucher treiben. Laut werbende Händler boten Blumen, Obst, Gemüse, Holzspielzeug an. Reklamestände bekannter Handelsketten mühten sich mit Schnäppchen und Häppchen um die Gunst der künftigen potenziellen Geldausgeber. Mitglieder der Freiwilligen Feuerwehr in historischen Uniformen verkauften vor einem Hauszelt aus einer Feldküche Erbseneintopf in dicken Porzellanschüsseln. Stände von Parteien und Bürgerrechtsgruppen aus Ost und West warben mit Discomusik, Kaffee und Kuchen, Plakaten, Prospekten und Aufklebern für die ersten freien Wahlen in der 'Noch-DDR'.

Gollat war verblüfft über den plötzlich so rührigen Handel und Wandel. Er empfand mit dem Gedränge eine warmherzige, beinahe freundschaftliche Verbindung und fühlte sich versucht, Entgegenkommende zu umarmen. An einem Blumenstand kaufte er eine Primel in braunem Plastiktöpfchen, ließ es in eine Krause aus gelbem Krepppapier stecken und trug sie behutsam vor sich her. Er nahm sich vor, auf der Suche nach Fredi Blum, jemanden von drüben anzusprechen, die Hand zu reichen und das Töpfchen zu schenken, sozusagen eine ganz persönliche Brücke zu schlagen. An einem Spielzeugstand kaufte er für sich selbst einen Klettermaxen. Ein Andenken an diesen unwiederholbaren Tag und an seine Kindheit nach dem Krieg, die ihm unerwartet so nah erschien.

"Neun Mark. - Brauchen Sie eine Tüte?"

"Danke, es geht so." Der Verkäufer, ein dünner junger Mann in langem dunklen Mantel enttäuschte ihn durch sein ernsthaftes geschäftsmäßiges Auftreten.

Er wusste damals nicht, was Fredi Blum und Roland Witke nach dem Westen zog. Es hatte ihn auch nicht sonderlich interessiert. Er mochte ihn. Fredi Blum war aufrichtig, empfindsam, mitfühlend. Er bewunderte ihn, gleichzeitig aber blieb Fredi Blum ihm fremd, war ihm, obwohl nur ein Jahr älter, so erfahren, erwachsen, so fern seiner eigenen Vorstellungen. Er wünschte ihm alles Gute, doch es war einfach so, dass er den Ort, an dem er aufgewachsen war, liebte, und sich nicht vorstellen konnte, ihn auf Dauer zu verlassen. Hier lebten seine Erinnerungen an die Kindheit, seine Freunde, Eltern, Großeltern, und seine Träume besaßen noch genügend Raum.

Er erinnerte sich nicht, Fredi Blum damals nach Gründen gefragt zu haben. Er nahm dessen Weltsicht mit stiller Verwunderung hin, wie ein Stück der Freiheit, an dem alle teilhaben. Von ihrer Anwesenheit in Birkenwerder sprachen Fredi Blum und Roland Witke meistens verächtlich, als würde ihnen das nicht noch einmal passieren, hierher geboren zu werden.

Gelegentlich trafen er und Fredi Blum sich nachmittags oder abends zu gemeinsamen Unternehmungen. Dann und wann fuhren sie auch ins Kino nach Westberlin. Sonnabends fuhren sie mitunter zur Nachtvorstellung nach Schönholz. Dort konnten sie den D-Mark-Eintritt mit Ostgeld 'eins zu eins' bezahlen.

Einmal, bevor sie gelernt hatten, es wäre strategisch günstiger, zumindest bis Frohnau getrennt zu fahren, um schließlich vereint den Film zu sehen, fuhren sie gemeinsam mit Fredi Blum, Roland Witke und einigen anderen Jugendlichen. Ein Science-Fiction-Film stand auf dem Programm, in dem es darum ging, dass irgendwelche Samen vom Mond, vom Mars, aus dem All, oder von sonst wo her, die Erde erreicht hatten. Der Samen fiel in die Gärten einer amerikanischen Stadt (vor allem amerikanische Städte schienen von außerordentlichen Gefahren bedroht zu sein). Über Nacht wuchsen aus ihnen Riesenbohnen, denen menschenähnliche Wesen entstiegen, die Gesicht und Wesen desjenigen erhielten, dem sie zuerst begegneten.

Fröhlich und guter Dinge stiegen sie in Birkenwerder in die S-Bahn. Eine schwere heiße Woche lag hinter ihnen, und sie fühlten sich frei und erwarteten einen unterhaltsamen Abend. In Hohen Neuendorf, dem Grenzbahnhof, stiegen Grenzsoldaten in den Zug, während drei, vier beobachtend auf dem Bahnsteig standen. Die Jugendlichen kannten den Ablauf der Prozedur, die dienstlich unbewegte Mimik der Uniformierten, ihren militärischen Gruß, die jahraus, jahrein gleiche Forderung: "Den Personalausweis zur Kontrolle, bitte!", ihre suchenden, abtastenden Blicke, das schweigende Bereithalten der Ausweise, das bange Verharren auf den Plätzen.

"Gehört Ihnen die Tasche im Gepäcknetz?" "Wem gehört der Rucksack?" "Öffnen Sie bitte Ihre Handtasche! Ah, schau her. Wohin bringen Sie die Eier ...? "

"Zu meiner Schwester nach Weißensee. "

"Die Glückliche. - Und Sie verschieben sie nicht zufällig nach Westberlin?! - Steigen Sie bitte mit aus!"

Der Grenzer ließ sich von jeden von ihnen den Ausweis reichen, blätterte darin, gab sie zurück, blieb bei ihnen stehen, sah sie überlegen schmunzelnd an und fragte: "Wohin fahrt ihr? "

"Müssen wir das sagen?" fragte Fredi Blum.

"Ja, was heißt müssen. - Sagen wir mal so: es ist eventuell besser für Euch ... "

"Zum Alex", antwortete Roland Witke schmunzelnd.

"Um diese abendliche Zeit? "

"Spätabends ist der Alex doch prächtig, sogar oberprächtig", sagte Fredi Blum, zog die Luft scharf durch die Nase und verzog den Mund, "finden Sie nicht auch? "

"Geben Sie mir bitte noch einmal Ihren Ausweis!" Der Grenzer sprach Mecklenburger Dialekt. Er schmunzelte nicht mehr, wirkte verärgert.

"Ich?" fragte Fredi Blum verwundert, da ihn der Grenzer plötzlich mit Sie anredete.

"Ja, Sie. "

"Sie haben ihn doch eben angesehen. "

"Mir ist da etwas aufgefallen ... "

"Bitte, wenn es Ihnen Spaß macht."

Der Grenzer nahm den Ausweis, blätterte suchend in ihm, hielt inne, sagte: "Sehen Sie, Herr Blum, diese Nachlässigkeit wäre mir beinahe entgangen." Er sah Fredi Blum herausfordernd an, riss kurz an einem Blatt und hielt es in der Hand. "Eine lose Seite. Der Ausweis ist leider ungültig. Lassen Sie sich bitte einen Neuen ausstellen. Zuvor dürfen Sie den Kreis Oranienburg nicht verlassen. Und jetzt steigen Sie bitte aus! Auf dem gegenüberliegenden Gleis dürfen Sie zurückfahren. "

Das Gesicht von Fredi Blum lief vom Hals her fleckig rot an. Er verzog schniefend den Mund, griff den Ausweis, erhob sich, knautschte ihn in seine Gesäßtasche und stieg, ohne jemanden anzusehen, aus.

"So, und Ihr wollt also zum Alex. Nicht etwa nach Schönholz - zur Nachtvorstellung - in diese - Grenzkinos?!

"Nein", sprachen sie im Chor.

"Hört sich gut an. - Habt Ihr Westgeld bei Euch?"

"Nein."

"Bestens. - Dann haben wir ja Zeit." Und schärfer: "Steigt mal bitte mit aus! "

Sie stiegen mit aus. Der Zug fuhr ab, und sie mussten sich vor dem grünen Kotrollhäuschen aufstellen. Etwas entfernt stand Fredi Blum und blickte verächtlich grinsend zu ihnen herüber.

"Halt, junger Mann, nicht bücken! ... "

"Meine Schnürsenkel ... "

"Ja, ja, wir kennen die gängigen Geldverstecke ... "

Auf den Gleisen klimperte es. "Wer von euch hat Münzen auf die Gleise geworfen."

Schweigen.

"Na, das kriegen wir schon noch heraus. Wir haben ja Zeit, nicht wahr? - Dreht Euch bitte um! "

Sie drehten sich gemächlich zur grünen Bretterwand.

Der Grenzer betrachtete ihre Rückseiten und tat erstaunt.

"Ach, seht mal an. Wir laufen Reklame für kapitalistische Konzerne. - Du" sagte er zu Roland Witke.

"Ich?" fragte Roland Witke.

"Ja, du, komm' mal her!" Er reichte ihm ein kleines aufgeklapptes Taschenmesser. "Hier, bitte, damit trennst du alle Aufnäher von den Nietenhosen deiner Freunde!"

"Aber das sind nicht meine Freunde. Die kenne ich gar nicht."

"Du weigerst dich?! - Na, sagen wir mal so: Die letzte Vorstellung beginnt um dreiundzwanzig Uhr. - Ja, wir sind gut informiert," sagte er genüsslich grienend. "Liegen die Aufnäher dort auf dem Fenstersims, dürft ihr um Dreiundzwanziguhrdreißig weiterfahren. Ist das ein Wort? "

Roland Witke trennte die Aufnäher von den Hosen. Anschließend wurden sie einzeln ins Kontrollhäuschen gebeten. Dort mussten sie den Inhalt ihrer Geldbörse, Jacken- und Hosentaschen auf einen Tisch entleeren. Ein junger

Grenzer sortierte Westgeld und Westzigaretten heraus, notierte Namen und Beute und legte beides in eine Stahlkassette. Anschließend durften sie gehen, da sie nach Birkenwerder zurückfahren wollten.

Den letzten Anlass zu ihrem Entschluss, in den Westen zu gehen, gab offensichtlich eine Kette von Ereignissen, die darin endete, dass unter den Formern, Schmelzern, Schlossern, Kernmachern tagelang von nichts anderem als von einer Ansichtskarte gesprochen wurde.

Obwohl sonnabends in der Gießerei, wie in allen anderen Betrieben auch, fünf Stunden gearbeitet wurde, lahmte die Produktion. Werkleiter Orlowski nahm seine Aufgabe ernst und bemühte sich, sie zu verbessern. Bei seinen Überlegungen fand er heraus, was ihm die Arbeiter und Meister Stein schon seit Jahren vorrechneten: man könnte die Wirtschaftlichkeit der beiden Schmelzöfen beträchtlich erhöhen, legte man zwei halbe Arbeitssonnabende zu einem vollen zusammen. Er stellte einen detaillierten Kostenplan auf, in dem er für den gesamten Betrieb vorrechnete, wie sich ohne zusätzliche Mittel die Produktivität um eine bedeutende Prozentzahl erhöhen ließ. Er reichte den Plan beim Rat des Kreises ein, und der lehnte mit der Begründung ab, zwei freie Sonnabende im Monat weckten bei anderen Werktätigen des Kreises nicht zu erfüllende Begehrlichkeiten. So wurschtelte der Betrieb weiter wie bisher. Einige Wochen später hieß es, Orlowski fehle, er wäre in den Westen gegangen.

Zwei oder drei Tage später, die Gießzeit war in vollem Gange, verklang plötzlich das Gebläse des Ofens. In der einsetzenden Stille trat Karl Grauke, Ofenarbeiter und BGL-Vorsitzender mit einem hageren mittelgroßen Mann auf den Platz vor den Öfen und rief mit angestrengter Stimme:

"Kollegen, bitte, kommt mal für einen Augenblick in die Handformerei!" Er ging gebeugt, sein rundes Gesicht war voller Falten, er besaß eine knollige Nase und gütige humorvolle blaue Augen. Er war weit über sechzig und unermüdlich und aufopferungsvoll für den Betrieb und die Kollegen tätig, war so etwas wie das soziale Gewissen des Betriebes und besaß das Vertrauen aller Kolleginnen und Kollegen. Gollat wurde später in gewisser Weise immer wieder durch Heinrich Böll an ihn erinnert. Maschinenformer, Handformer, Putzer, Schmelzer, Hilfsarbeiter in ihren blau-weiß gestreiften Schweißhemden, Pfeife oder Zigarette rauchend, Kaffeetopf oder Seltersflasche in der Hand, drängten sich in dem kleineren der beiden Nebenschiffe der Gießereihalle. Einige munkelten, den Mann neben Karl Grauke kritisch abschätzend, das wäre aber fix gegangen: nun würde wohl der neue Werkleiter vorgestellt werden. Doch Karl Grauke stellte den Mann neben sich als einen 'Genossen' einer einflussreichen Kreisleitung vor, der aus gegebenem Anlass zu euch sprechen möchte und trat zur Seite. Der Mann, mittelgroß, Anfang vierzig, in kariertem offenen Hemd, begrüßte ernsten Gesichts die Versammlung. Dann schob er die Hemdsärmel hoch, sah sich kurz um und stieg schwungvoll auf den größten der abgegossenen Formkästen. Kämpferisch laut und bestimmt sprach er davon, dass ein 'negativer Anlass' ihn herführte, denn Werkleiter Orlowski, dieser Arbeiterverräter hätte sie und die Republik in Stich gelassen. Er stand eingehüllt in Dampf und Qualm und wechselte ständig das Standbein, weil seine Sohlen sich aufheizten. Die Arbeiter rauchten, tranken aus ihren Wasserflaschen, hörten schweigend, fast regungslos zu. Ein dünner Maschinenformer mit spitzer Nase, einem Soldatenkäppi auf dem Kopf schaute sich zu seinen Kollegen um, wandte sich dann mit hoher ärgerlicher Stimme an ihn: "Ihr habt ihn weggegrault. Euch haben die zwei freien Sonnabende nicht gefallen. Das ist alles... "

Endlich stieg der Redner, sich die Stirn wischend vom Formkasten herunter und verabschiedete sich mit den Worten, der Sozialismus werde sich durch solche Verräter nicht aufhalten lassen. Karl Grauke blickte noch trauriger, und der Funktionär einer bedeutsamen Kreisleitung verschwand nach wenigen Ausflüchten, einer flüssigglühenden Schlackelache ausweichend, rasch durch den Seiteneingang der Schmelzerei.

An einem Morgen der folgenden Woche stand Karl Grauke mit den vier Schmelzern zwischen beiden Gießrinnen der Kupolöfen und sprach mit ihnen ungewohnt leise. Einige Minuten später schlenderten Former von Arbeitsplatz zu Arbeitsplatz, und man hörte spöttische Rufe, sarkastisches Lachen und immer wieder das Wörtchen 'Ansichtskarte'. Schließlich kam Fredi Blum zum Platz der Lehrlinge und sagte: "Wisst ihr, wer abgehauen ist? "

"Nee."

"Ihr werdet's nicht erraten: Der Redner von der Kreisleitung. Er hat eine Ansichtskarte vom Ku-Damm geschickt mit den besten Wünschen beim Aufbau des Sozialismus." Er sah sie spöttisch an, zog mit schiefem Mund scharf die Luft durch die Nase und sagte: "Merkt ihr, wie die uns verarschen? Bitte, aber nicht mit mir." Und leise singend zu Roland Witke: "It's a long way to Tipperary ..." Roland Witke nickte.

Fuhren Fredi Blum und Roland Witke nach dem Berufsschulunterricht nach Kreuzberg, schloss sich Gollat ihnen häufig an, nahm aber nur halbherzig an diesen Ausflügen teil. Sie fuhren bis Warschauer Straße, gingen zur Oberbaumbrücke. Möglichst gleichgültig schlenderten sie an den Grenzern vorüber, die vor der Holzbaracke, die mitten auf der Brücke stand, auf und ab schritten, die Passanten eingehend betrachtend und willkürlich deren Ausweis und Gepäck inspizierend.

In einem der zahlreichen Musikshops, größere Räume, in denen mehrere Musikautomaten standen, hörten sie Rock'n Roll. Fredi Blum und Roland Witke stellten ihre Schultaschen neben den Automaten, warfen Westgroschen in den Geldschlitz, drückten auf der Titelleiste ein gängiges Stück, sahen spannungsvoll zu, wie der Greifarm die Schallplatte wählte, hielten sich, der eine von dieser, der andere von jener Seite, an dem hüfthohen Kasten, setzten die Kopfhörer auf und bewegten sich mit geschlossenen Augen stampfend im Takt. Sie schienen die Musik zu inhalieren wie den Rauch ihrer Golddollar oder Zuban. Gollat stand daneben und sah ihnen verwundert zu.

Einmal hielten sie die Grenzer auf dem Rückweg an und schleusten sie zur Kontrolle in die Baracke. Sie mussten sich vor einem langen Tisch aufstellen, auf dem sich Comic-Hefte und Groschenromane, offenbar nach Themen oder Schundgraden sortiert, stapelten.

"Tragt ihr Schundliteratur bei euch?" fragte der Grenzer sie der Reihe nach, und der Reihe nach verneinten sie die Frage.

"So etwas kaufen wir nicht", sagte Fredi Blum gespielt ernsthaft, und sie nickten zustimmend. Tatsächlich kauften sie selten diese Schmöker. Sie kosteten ihnen einfach zu viel Geld. Der Reihe nach mussten sie nun ihre Jacken ausziehen, Hosen-, Brust-, Gesäß-, Seiten-, Neben- und Schultaschen öffnen, umkrempeln, ausschütten. Dann durften sie wieder einpacken und gehen. In der S-Bahn klopfte Fredi Blum auf seine Brusttasche, die sehr geschwollen aussah. Er öffnete die Jacke und holte ein Bündel Groschen- und Comic-Hefte hervor: Tom Brack, John Kling, Tarzan, Akim und so weiter.

"Haben sie dich nicht gefilzt?" fragte jemand.

"Als wir uns wieder anzogen, hatte ich sie vom Tisch genommen. "

"Wir sehen uns in Tipperary!" hatte Fredi Blum ihm im Duschraum zugerufen, am Nachmittag, bevor er mit Roland Witke rübergegangen war. Und fünf Jahre später, nach ihrem verblüffenden Wiedersehen auf der Brücke in Birkenwerder: "Am Tag, an dem die Mauer fällt, geht's ab nach Tipperary, vergiss es nicht!" Gollat musste lächeln, als er daran dachte. Fredi Blums Optimismus hatte immer rechthaberisch geklungen. Dem Versprechen nach dürfte er nicht mehr im Lande sein. Er stellte sich vor, wie sie beide sich umarmten – nach so vielen Jahren - wie Fredi Blum schniefend den Mund verziehen und vom Hals her rosarot anliefe. Er nahm sich vor, ihn einzuladen, mit ihm einen ganzen Tag durch Berlin zu streifen und Orte aufzusuchen, die damals zu ihrem Alltag gehörten: Die Berufsschule in Schöneweide, die Oberbaumbrücke, Überbleibsel der Musikshops und der ehemaligen Grenzkinos in Schönholz, Gesundbrunnen und heute Nachmittag vielleicht noch den Zeltinger Platz, wo er, bevor er zur Armee einrückte, mit Roland Witke und Fredi Blum, was er damals nicht ahnte, Westberlin ein letztes Mal besucht hatte.

Discomusik aus Lautsprecherboxen neben dem Stand einer großen Partei. Jugendliche, offenbar aus dem Kreis Oranienburg, teilten lebhaft und selbstbewusst Werbeprospekte aus: 'Für klare Verhältnisse!', 'Aufschwung durch Einheit!' Erstaunlich, wie sie sich mühten, sobald sie nicht gegängelt und bevormundet wurden. Wie rasch sie eigene Worte gefunden hatten. Er selbst fand sich noch immer sprachlos.

Die Nachricht von der Maueröffnung hatte er im Abendfernsehen gehört. Er musste zur Spätschicht ins Jugendwohnheim und stand angezogen auf dem Flur, als Bettina aus dem Zimmer kam und nachdenklich fragte: "Kann das sein? Ich glaube, jeder kann jetzt fahren, wohin er will."

"Reiseerleichterungen", hatte er geantwortet, "nicht so rasch, aber ich habe sie erwartet." Im Heim saß er dann noch die halbe Nacht mit einem Jugendlichen vor dem Fernseher und sah Reportagen von den Grenzübergangsstellen.

Am anderen Vormittag schlief er eine knappe Stunde und anschließend fuhren er und Bettina zum Grenzübergang Bornholmer Straße. Gedränge aus Richtung Westen, in Richtung Westen. Gegensätzliche Gerüchte kursierten: Bald würde die Grenze wieder geschlossen, bald würde die Mauer abgerissen werden. Fremde Menschen umarmten sie. Die Menschen ganz Berlins schienen sich an diesem Morgen so vertraut, so nahe zu sein, schienen so zu sein, wie sie eigentlich waren, ohne innere und äußere soziale Mauern und abgrenzende Schutzschichten, schienen zu erkennen, wie ähnlich Menschen sich im Grunde sind. Im Wedding saßen sie dann stundenlang in einem überfüllten Café, erzählten, tranken Sekt und Kaffee, lachten und versuchten, ihrer Fantasie den Ort ihrer Anwesenheit begreiflich zu machen.

In den Wochen danach stromerte er während seiner freien Zeit in der Stadt umher, um überall dabei zu sein, wo die Grenze durchbrochen wurde, wo ein Stück Mauer fiel. Vor Öffnung des Brandenburger Tores drängte er sich stundenlang in der Menge vor dem Sperrraum am Pariser Platz, besuchte wiedereröffnete U- und S-Bahnstationen, beobachtete eine Nacht lang klamm vor Kälte, um aus dem halb bewusstlosen Schwebezustand herauszukommen, den Abriss der Mauer am Reichstagsgebäude. Rissen die Zangen der Greifbagger Betonsegmente aus den Fundamenten, spürte er körperliche Erleichterung, als würden dem Land faule Zähne gezogen. Am anderen Morgen streifte er dann zwischen diensttuenden Volkspolizisten, Grenzsoldaten und Touristen müde und überreizt durch den Trödelbasar, der sich auf dem ehemaligen Postenweg zu bilden begann. Junge Leute verschiedener Nationalitäten boten auf Campingtischen, Tapeziertischen und auf den Boden gebreiteten Tüchern und Zeitungen Requisiten einer versinkenden Epoche zum Verkauf an: farbige Mauerstücken, Abzeichen politischer Organisationen, Parteibücher, Uniformteile von der VP, der NVA und der sowjetischen Armee. Übermüdet und wie verwirrt kam er nach Hause, schlief den halben Tag, um am anderen Tag erneut Mauergegenden aufzusuchen.

Jahrzehntelang ihrer Aufgaben beraubt, waren Gehwege und Straßenrand beiderseits ihrer Teilung von Gras und Gebüsch überwuchert. Werbestände und Verkaufsbuden standen nur entlang einer Straßenseite. Es roch nach heißem Kaffee, nach Frischgebratenem und nach Glühwein. Vor jedem Stand stauten sich Besucher. Gollat schaute angestrengt nach Fredi Blum. Dabei vergaß er, einen würdigen Empfänger seiner Primel zu suchen. Die meisten Leute aus Richtung Berlin spazierten gesetzt, anders als noch vor drei Monaten, mit verhaltener, auf Abstand bedachter disziplinierter Fröhlichkeit, wie Erwachsene auf einem Kinderfest, sodass er sich mit dem Blumentöpfchen in der Hand recht kindisch vorkam. Hin und wieder entdeckte er jemanden, der ihm sympathisch erschien, oder eine junge Frau lächelte, weil er sie nachdenklich ansah. Doch ehe er sich entschloss, sie anzusprechen, waren sie an ihm vorüber, oder er fand sein Anliegen plötzlich albern und lächelte bloß zurück. Er sah niemanden, der einen Fremden ansprach, ihm die Hand drückte oder gar Blumen schenkte.

Es war in Birkenwerder an einem Freitag im Sommer. Vor siebenundzwanzig Jahren, nicht lange nach dem Mauerbau. Er traf eben auf Wochenendurlaub von der Armee aus Wismar ein, und wollte zu seinen Eltern. Kurz hinter Schneiders Gaststätte, auf der Brücke, stieß er auf Fredi

Blum, der mit zwei prallen Einkaufsbeuteln, leicht schwankend, wie es schien, vor ihm herging. Er freute sich und war verblüfft, ihn hier, im Osten, anzutreffen. Er erkannte ihn sofort an dem leicht o-beinigen Gang, der ihm einen verwegenen Ausdruck gab, als wäre er gerade vom Pferd gestiegen, an dem dicken blonden Haar, das den Nacken noch immer mit einer fettglänzenden wulstig gekämmten 'Ente' zierte und an dem harten Klang seiner messingbeschlagenen Sohlen. Fredi Blum trug noch immer 'Budapester'. Die Freude, ihn wiederzusehen, reizte ihn zu dem spöttisch-übermütigen Ruf: "Willkommen in Tipperary!" Doch das hilflos wirkende Schwanken in Fredi Blums Schritt hielt ihn davon ab. Jeden anderen hätte er hier erwartet, nur Fredi Blum nicht.

Vier Jahre zuvor, noch während ihrer gemeinsamen Lehre in der Eisengießerei, waren Fredi Blum und Roland Witke auf beinahe heitere Weise rübergegangen nach Westberlin, um von dort nach Kanada auszuwandern. Ein Jahr später, bevor er zur Armee ging, hatte er beide in Frohnau besucht. Sie bewohnten für fünfzig D-Mark ein möbliertes Zimmer zur Untermiete, ein für ihn märchenhaft hoher Preis. Im Kino am Bahnhof hatten sie sich den Film 'Brücke am Kwai' angesehen und anschließend am Zeltinger Platz noch einige Bier getrunken. Er erinnerte sich der leisen Wehmut, die er fühlte, weil wieder jemand wegging (hier war das Land des Abschieds, drüben das Land des Willkommenheißens), und doch schien es ihm so selbstverständlich zu sein, dass er nicht nach Gründen fragte. Jeder konnte gehen, wohin es ihn trieb. Sein Dasein dagegen hielt fest an dem Ort, in dem alles lag, was er zum Leben, für seine Sehnsüchte brauchte: Das Haus mit dem Garten, in dem er und seine Geschwister aufgewachsen waren, der kräftige breitgewachsene Apfelbaum, die Birken, Eichen, Kiefern, auf denen er einen großen Teil seiner

Kinderzeit verlebt hatte, die Wege, die ihn wie eine lebendige Chronik seiner Erlebnisse begleiteten, ihm wieder und wieder Geheimnisse seines Werdens erzählten: an der Briese entlang zur Schule, staubig, warm zum Boddensee, in dem er schwimmen gelernt hatte, durch den Sand der Niederheide, zur Havel, durch die sumpfigen Wiesen und - die langen Sommer. Vielleicht hielt ihn auch bloß der Ort, an dem er unbewusst noch immer auf seinen Vater wartete, der nicht aus dem Krieg zurückgekehrt war.

Auf dem S-Bahnhof, als er in die Bahn stieg, hatten sie ihm zugerufen: "Wir sehen uns in Tipperary!" Beide im weißen Neonlicht, lachend, winkend, zuversichtlich, und er einen Fuß in der offenen Tür, hatte lachend zurück gewunken und gerufen: "In Tipperary!"

Und jetzt begegneten sie sich hier auf der Brücke. Unter ihnen fuhr die S-Bahn nach Schönefeld aus dem Bahnhof. Von den Nebengleisen tönte das Pfeifen des Rangierers und das Krachen aneinanderstoßender Waggons.

"Hallo, Fredi!" rief er leise. Fredi Blum blieb stehen, drehte sich langsam, fast schläfrig um, lächelte.

"Ah, Helmut, Tach'chen." Er wirkte nicht erstaunt, eher müde, verlegen.

"Ich hatte dich sofort erkannt", sagte Gollat. "Bist du auf Besuch?" Fredi Blum verzog den Mund, scharf die Luft durch die Nase ziehend, stellte seine Einkaufsbeutel behutsam, ein wenig umständlich ans Brückengeländer und reichte Gollat die Hand. Er roch nach Alkohol und kaltem Zigarettenrauch.

"Nee." Sein Gesicht hatte den früheren spöttischen Ausdruck verloren, wirkte erschöpft. Die Neugier, die er aufbrachte, galt offenbar weniger Gollat und mehr den blauen Kragenspiegeln an dessen Uniform. "Bin vor drei Wochen aus dem Knast gekommen. Habe zwei Jahre gesessen."

"Drüben?" fragte Gollat erschrocken.

"Nee, hier", er griente müde, "im Kupferbergbau Mansfeld. Es hat mich halt erwischt." Als Witke zu seinem Bruder nach Kanada ausgewandert war, wäre er aus der Gießerei zu einer Brauerei gewechselt, an die Abfüllanlage, hätte viele Überstunden gearbeitet, um Witke bald folgen zu können. Zum Feierabend hätte er bei der günstigen Gelegenheit, wie Gollat sich denken könnte, immer noch zwei, drei Flaschen getrunken. Auf der Fahrt nach Frohnau wäre er regelmäßig in der S-Bahn eingeschlafen, meistens noch rechtzeitig erwacht, oder von jemand wach gerüttelt worden. Zweimal aber wäre er durchgefahren und erst in Hohen Neuendorf durch Grenzer wach gerüttelt worden, die seinem Ausweis verlangten. Er hätte aussteigen, mit ins Kontrollhäuschen gehen, seine Arbeitstasche und seine Brieftasche durchsuchen lassen müssen und dann mit dem nächsten Zug zurückfahren dürfen. Beim dritten Mal hätten die Grenzer die frische Senatsbescheinigung über seine Anerkennung als politischer Flüchtling gefunden. "Politischer Flüchtling, Herr Blum?! Na, das können wir nachholen." Man hätte ihn festgehalten, in Untersuchungshaft genommen, einige Wochen später angeklagt und zu zwei Jahren ohne Bewährung verurteilt. Seine Mutter hätte ihm zu den Sprechtagen Kartengrüße von Witke mitgebracht. Der hätte aus Saskatchewan geschrieben, wo er auf einer Farm arbeitete. Nach der Haft sollte er sofort nachkommen. Die Flugtickets wollte er ihm bezahlen.

"Aber du siehst, das ist futsch." Fredi Blum schob seine Einkaufsbeutel mit dem Fuß näher an das Geländer, lehnte sich dagegen und zündete sich eine Zigarette an. Er hielt Gollat die Schachtel hin. "Rauchst du noch?" Gollat nahm sich eine Zigarette. "It's a long, long way to Tipperary", sagte Fredi Blum sarkastisch. "Verteufelt long. - Der Einzige, der sich darüber gefreut hatte, dass die Grenzer mich erwischt hatten, war meine Mutter. Sie weinte vor

Freude, als sie mich in Rummelsburg in der U-Haft besuchte. Sie hatte geglaubt, ich wäre schon in Kanada, als ich wochenlang nicht angerufen hatte. Und als die Mauer gebaut worden war, freute sie sich noch mehr. Nun bleiben wir wenigstens zusammen, sagte sie. - Ich wohne jetzt in der Wohnung unter ihr - mit meiner Freundin. Du kennst sie. Die Kleine von damals, die ab und zu im 'Heidekrug' serviert hatte."

Gollat entschloss sich, einem älteren Paar die Primel zu schenken. Wie beide ihm zwischen den Besuchern entgegenkamen, Arm in Arm und sich wie nach einem Halt umblickend, erinnerten sie ihn an gute Bekannte, die Anfang der Achtzigerjahre, kaum dass sie Rentner waren, von Köpenick zu ihrem Sohn nach Spandau gezogen waren. Der Mann war bald darauf gestorben, ohne dass er ihn wieder gesehen hatte, geschweige denn zu seiner Beisetzung hatte fahren dürfen. Er sah dem Paar freundlich entgegen, doch der Mann blickte mürrisch. Die Frau fragte ihn etwas, und er antwortete laut: "Danke, mir ist der Appetit vergangen. Die drängeln ja, als hätten sie dreißig Jahre lang nichts zu fressen bekommen." Gollat senkte die Hand mit dem Töpfchen und ließ die Beiden vorübergehen.

Es bedrückte ihn, Fredi Blum damals nicht nach den näheren Umständen seiner Inhaftierung gefragt zu haben. Soweit er sich erinnerte, hatten sie beide ein Gespräch dazu scheu umgangen.

Vor einem Stand unter gelbbraungestreifter Markise verwandelte sich der Spaziergang unvermittelt in verbissenes zielstrebiges Gedränge. Die Leute schoben, stießen, schrien auf, traten sich gegenseitig auf ihre Sonntagsschuhe, ähnelten Handballern beim Überzahlangriff vor dem gegnerischen Tor. Hände grapschten in die Luft, griffen daneben oder fingen kleine fliegende Objekte. Ein

Mann in weißem Kittel hinter dem Stand bemühte sich ähnlich einem Torwart beim Abwurf, mit Bluffs und Finten kleine Werbepräsente unter die Leute zu werfen: einzelne in rosa Seidenpapier gewickelte Pralinen, Probestückchen Seife, Plastiktüten mit Bananen oder Apfelsinen. Die Leute jedoch, die wussten, worauf es wirklich ankam, drängten und rempelten hinter dem Stand, dort, wo die Präsente lagerten. Sie rissen die Kartons auf, zerrten die Tüten heraus und sich gegenseitig aus den Händen, und besonders Begabte schleppten die Kartons gleich ungeöffnet davon. Erschrocken wich Gollat vor einem Präsentgeschoss auf die freie Straßenseite. Der Arm, der die Primel hielt, war ihm eingeschlafen. Er blieb stehen und nahm das Töpfchen in die andere Hand.

Wenige Schritte entfernt ging der Lärm des Präsentehaschens über in Melodien vertrauter Evergreens. Auf einem Lastwagen unter gelber Plane sang ein Schlagersänger, den Gollat seit vielen Jahren aus dem Westfernsehen kannte. Zwei gewaltige Lautsprecherboxen machten seine Melodien unüberhörbar. So eindringlich der Tag sich auch gab, das Neue schien noch immer auf der Ebene seiner Fantasie abzulaufen. Er konnte diesen Reflex, in seine Träume und Vorstellungen auszuweichen, nicht mit einer Lockerungsübung abschütteln.

Jahrzehntelang hatte er sich in dieser Starre gesehen: Auf dem Feldweg vor dem hüfthoch gespannten Draht des Radarpostens im Klützer Winkel. Ihm schien, er stünde dort für immer halb verblüfft, halb erschrocken und versuchte, die Worte des OvD zu begreifen: "Berlin ist dicht gemacht!" Er stand da in diesem Bild, das rechte Bein über den Soziussitz von Clausens 'Puch' geschwungen, das linke auf dem harten Lehm, vor sich Clausens Rundrücken, hinter sich die Ansicht vom blaugrauen Wasser der Lübecker Bucht, an dessen Strand nun das dunkelhaarige

Mädchen vergebens auf ihn wartete. Er nannte es Pummelchen und wusste von ihr, dass sie in Annaberg wohnte, in Boltenhagen als Saisonköchin in einem der FDGB-Heime arbeitete und neunzehn Jahre alt war. Als sie wieder Ausgang erhielten, war die Saison vorüber und das Mädchen fort.

Sonne. Trockene Wärme. Wolkenloser Himmel. Und wenige Meter hinter dem Draht, der zur Objektumzäunung ernannt worden war, plötzlich die helle Stimme des kleinen Leutnant Bleschke, der aus dem Seitenfenster der oberen Steinbaracke lehnte und rief: "Halt! Clausen! Gollat! Hier bleiben! Alarmstufe drei! Ausgangs- und Urlaubssperre! Berlin ist dicht gemacht!"

Mitunter, wenn das Fernsehbild während einer Talkshow durch einen Übertragungsfehler im Gespräch verharrte, und er sich vorstellte, wie die plötzlich zum Foto erstorbenen Personen hinter dieser Illusion weiterredeten, gestikulierten, sich bewegten, rutschte er hinein in das Bild von jenem Augusttag, und ihn beschlich das Gefühl, ausgeschlossen und betrogen worden zu sein. An jenem Tag, wie auch in den folgenden sechs oder acht Wochen, blieben er und die anderen eingesperrt bei Sport, Kartenspiel, Radiohören, Ost-Fernsehen und fragenden Blicken über das dunkle Wasser der Bucht. Er war mit neunzehn zu naiv, zu unerfahren, um diesen Tag 'historisch' zu nennen, und zu lebensfroh, um an einem überschatteten Sommertag die Grundzüge kommender Jahrzehnte zu erkennen. Den Bau der Mauer empfand er als persönlichen Vertrauensbruch. Während einer Dienstreise mit Clausen nach Berlin ein Jahr später, auf der sie, wie auf Dienstreisen üblich, ihre Dienstwaffe, eine Kalaschnikow mit Munition, mit sich zu führen hatten, standen sie an einem Stacheldrahtverhau zu Neukölln und spielten mit dem Gedanken, sich 'rüberzuschießen'.

Lange vor seiner Flucht hatte Fredi Blum sich hinüber-
gelebt in das Land seiner Freiheitsträume, hatte Kalender
gesammelt mit Fotos von kanadischen Landschaften, ka-
nadische Reiseprospekte, beeindruckt von Roland Witke
vor allem von Alberta, den Rocky Mountains, von Kitimat
in Britisch Columbia, von Gegenden, in denen er Tipperary
vermutete. Den Folkloresong 'The long way to Tipperary'
hörten sie in Kreuzberg aus der Musikbox. Das Lied stei-
gerte sich für Fredi Blum fast zu einer Hymne. Er ließ die
Platte wieder und wieder auflegen. Und von irgendwoher
brachte er die Nachricht, Tipperary läge in Kanada, wäre
eine Ortschaft von Fallenstellern und Goldwäschern am
Fuße der Rocky Mountains. Seit dem verabschiedeten sie
sich stets mit den Worten: 'Wir sehen uns in Tipperary'.
Später, als Gollat eine Skizze von William Saroyan zu diesem Lied las, erfuhren sie, Tipperary liege in Irland. Doch
für sie spielte es keine Rolle mehr, wo dieser Ort beheima-
tet war, sie blieben bei ihrem Gruß. Es war ihre Sehnsucht
nach einer grenzenlosen Zukunft, die sie zwischen den
Kohlenstaubwänden der Eisengießerei gefangen sahen,
und der sie einen Namen geben mussten. Während an den
Türen der meisten anderen Umkleideschränke Fotos nack-
ter Frauen klebten, hefteten Fredi Blum und Roland Witke
in ihre Schränke Fotos vom Panamerican-Highway zwischen Calgary und Banff, vom Viehtrieb vor den blauen
Bergen Albertas, einen Flugplan 'Air Canada gibt Ihnen die
Freiheit Kanadas – zu jeder Jahreszeit'. Zu seinen Jeans
trug Fredi Blum weiße Hosenträger bedruckt mit der Com-
monwealth-Flagge Kanadas.

Fredi Blum und Roland Witke wollten nicht völlig mit-
tellos in den Westen gehen. Sie hatten sich, wie er später
erfuhr, mehrere Garnituren Unterwäsche, zwei Jeans, Pullover, Jeansjacke und einen Hängemantel übereinander
gezogen, einen prall gefüllten Campingbeutel auf den Rücken geschnallt und in Witkes Garten auf eine Bank das

Seitwärtsaufspringen auf die fahrende S-Bahn geübt. An einem kühlen Sommermorgen, während des Berufsverkehrs sprangen sie nach der Zugkontrolle auf die S-Bahn in Richtung Berlin. Im Campingbeutel steckten Socken, Handtücher und einige wichtige Bücher. Schulzeugnisse und die Zwischenzeugnisse ihrer Formerlehre hatten sie ins Mantelfutter genäht. Diesmal gelang ihre Flucht. Fünf Monate zuvor hatten sie schon einmal versucht rüberzukommen. Noch reichlicher angezogen und – ohne Aufsprungtraining. Fredi Blum hatte sich bereits durch die sich schließende Tür in den Wagen gezwängt, Witke aber hatte trotz seiner Länge das Trittbrett verpasst, war auf den Bahnsteig und den Grenzern vor die Füße gerollt. Aus Solidarität mit Witke kam Fredi Blum mit dem nächsten Zug zurückgefahren. Sie blieben mehrere Tage in Untersuchungshaft, wurden verwarnt und erhielten einen 'provisorischen Personalausweis', der ihnen das Verlassen des Bezirkes Potsdam untersagte.

Heute glaubte Gollat zu empfinden, wie Fredi Blum ihm auf der Brücke in Birkenwerder so unendlich leidgetan hatte. Er wünschte sich, damals so empfunden zu haben, wie er heute empfand. Doch er konnte sich nicht daran erinnern, Worte des Mitgefühls oder des Bedauerns gesprochen zu haben. Seit dem Mauerbau war er in sich gekrochen, als hielt er diese unglaubliche Verletzung nur in Starre durch, und jedes behutsame Berühren dieses Themas müsste ihn zerreißen.

Er hatte mit Fredi Blum vereinbart, sich hin und wieder zu schreiben. Einmal schickte Fredi Blum eine Ansichtskarte aus Thüringen, und er eine von Usedom. Sie vereinbarten einen gemeinsamen Abend mit ihren Freundinnen, trafen sich am Kino Kosmos, sahen einen italienischen Opernfilm, saßen anschließend im Restaurant Moskau, trennten sich gegen Mitternacht auf dem Alexanderplatz und hörten, da Gollat bald darauf nach Pankow gezogen war, nie mehr voneinander.

An einem Stand, an dem Dosenbier verkauft wurde, entdeckte Gollat das Staunegesicht von Ladewig. Mit ihm war er zusammen zur Schule gegangen. Seit etwa zwanzig Jahren hatte er ihn nicht gesehen, doch erkannte er ihn an seiner kurzen tropfenförmigen Figur, seinem ovalen pausbäckigen Gesicht, den großen braunen staunenden Augen und an dem meist offenstehenden Mund. "Gehe ich richtig in der Annahme: Achim?" rief Gollat und ging auf ihn zu. Er freute sich, gerade heute jemanden aus der Schulzeit zu treffen, der auch Fredi Blum kannte. Die beiden kannten sich aus dem Angelverein. Ladewig starrte ihn an, blickte fragend zu einer kleinen stämmigen Frau mit heiteren Augen und zu einem jungen Mann, die mit einem Pappteller voller Pommes frites neben ihm standen. Der junge Mann war zweifellos Ladewigs Sohn und hatte offenbar die Aufgabe übernommen, das Staunen als Familientradition fortzusetzen. Ladewig trug einen grünen Filzhut. Sein Gesicht war schwammig geworden, picklig und von Quer- und Längsfalten durchzogen, als steckte sein Kopf in einem grobmaschigen Netz. Unter den Augen bildeten sich Tränensäcke, und seine große Nase prangte rot. Noch immer aber wirkte sein Gesicht derart mitreißend, dass Gollat sich etlicher Schulhofsituationen erinnerte, in denen er Ladewig gehänselt und dieser sich wie ein tapsiger Bär verhalten hatte. Er musste lächeln. Ladewig fasste es falsch auf.

"Moment!" sagte er verlegen und wich einen Schritt zurück, um Gollat größer im Blick zu haben. "Irgendwoher kenne ich dich."

"Gut möglich", sagte Gollat. "Du bist Achim Ladewig, Möbeltischler, und dieser junge Mann ist dein Sohn. "

"Richtig. Du kennst ihn?"

"Wer dich kennt, kennt auch deinen Sohn. "

"Meine Frau, mein Sohn", stellte Ladewig seine Familie vor, und sie gaben Gollat die Hand. Gollat balancierte das Primeltöpfchen und sagte: "Helmut. Guten Tag. Mehr verrate ich nicht." Mutter und Sohn traten zur Seite und verfolgten still die Gedächtnisarbeit des Vaters.

"Ich hab's! Wir gingen zusammen zur Schule, stimmt's? Später hast du in der Gießerei in Birke gearbeitet und bei Stahl Hennigsdorf Judo trainiert. - Warte!" Er schritt einmal um Gollat herum, rückte an seinem Filzhut. "Die Sonne blendet."

"Gib nicht an!" sagte seine Frau leise.

"Helmut Gollat", sagte Gollat.

"Richtig! Gollat. - Mensch, Helmut, dein Name war mir völlig entfallen." Sie sprachen von ihrer Freude über den Fall der Mauer, wie lange sie darauf gewartet und beinahe schon die Hoffnung aufgegeben hätten, es noch zu erleben. Dann sprachen sie über ihre Schulzeit und von Mitschülern, an die sie sich erinnerten.

"Und Fredi Blum?" fragte Gollat. "Weißt du, was aus ihm geworden ist?"

"Fredi Blum?" Ladewig staunte ihn an und schloss den Mund. "Das weißt du gar nicht?! - Fredi Blum ist tot. - In der Havel ertrunken. An der Badestelle 'Gummibaum'. Vor acht oder neun Jahren. Wenn ich ihn traf, wollte er nichts mehr vom Angeln wissen, erzählte bloß von Kanada, und dass sein Freund dort irgendwo Weizen anbaute oder so..."

"Fredi Blum tot." Gollat fühlte sein Lächeln versacken. Das Leben verlief nicht im Kreis, eher im Zick Zack oder in Spiralen – vorwärts. Sein Gesicht schien darüber nachzudenken, ob er diese Nachricht glauben sollte.

"Es war ein heißer Tag damals", sagte Ladewig. "Im Juli, glaube ich. - Die Sirenen heulten, Feuerwehren und Rettungswagen rasten durch Birke. Wir glaubten, die Kiefernschonung in Bergfelde würde wieder brennen." Ladewig sah zu seiner Frau, und die nickte. "Am Abend hörten wir dann, Fredi Blum wäre angetrunken ins Wasser gegangen. Seine Frau und beide Töchter hätten am Ufer gesessen und nicht helfen können."

Gollat kannte die Badestelle hinter dem Bootshaus an der alten Havel, hinter Kleingärten, Roggenfeld und Wiese am Oder-Havel-Kanal. Die zur Bucht ausgetretene Böschung mit Flachwasser und Modderkuten und einer von ihnen damals aufgeschichteten schmalen Zunge aus Ufersteinen und Grasbüscheln, von der aus sie ins tiefere Wasser gesprungen waren. Fredi Blum war ein guter Springer. Er bestaunte ihn, wie er furchtlos mit wenigen raschen Schritten von der Böschung herunter anlief und sauber mit beiden Füßen absprang. Er selbst tat meistens einen großen verunglückten Schritt und patschte aufs Wasser. Einmal waren sie dort mit einer Freundin von Fredi Blum bei trübem Wetter schwimmen. Anschließend hatten sie unter der einzelnen Roteiche gesessen, nach deren Biegsamkeit als junges Bäumchen die Badestelle benannt worden war. Die beiden schienen ratlos zu sein, und er hörte wieder diese Wörtchen rüber und drüben, die für ihn ein Phänomen darstellten, Symptome einer Krankheit, die grassierte, und ihn bislang verschont hatte. Die beiden trafen sich fast täglich, waren sehr zärtlich zueinander und er, Gollat, war immer dabei und starrte verlegen zur Seite, wenn sie sich küssten. Im Spätsommer war das Mädchen fort, mit seinen Eltern rübergegangen, nach Bayern. Fredi Blum sprach oft davon, sofort hinterher zu gehen, wartete monatelang auf Post, hörte aber nie mehr etwas von dem Mädchen. Danach schien er wie verwandelt, sprach voll bitterem Spott von seinem Aufenthalt hier und vernachlässigte seine Lehre.

Gollat kaufte zwei Büchsen Bier, und sie lehnten sich hinter dem Stand an eine Kiefer und tranken schweigend. Die Primel stellte er neben sich auf den Boden.

"Schade", sagte er, "ich hätte sonst was dafür gegeben, Fredi Blum wieder zu treffen, verdammt noch mal!" Er trank aus, warf die Bierdose in einen Container, verabschiedete sich von Ladewig und seiner Familie, und schwamm fort mit der Menge. Alles schien unaufhaltsam in Bewegung zu sein, ohne jeglichen Sinn zum Innehalten. Und doch fühlte er sich noch immer so, als säße er eingeschlossen in einem Gedächtnisfoto in Mecklenburg mit einem Bein hinter Clausen auf dem Motorrad und käme nicht von der Stelle.

Der Sänger verkündete eben, er feiere heute seinen Geburtstag, und diese Grenzöffnung wäre für ihn das schönste Geschenk. Irgendetwas störte Gollat an ihm. Sein ganzer Aufzug sah ihm zu professionell aus, die chromblitzenden unüberhörbaren Boxen, die beiden Männer in Jeans und Pullover, die auf dem Wagen die Apparaturen bedienten und neben der Heiterkeit ihres singenden Kollegen zu sehr handwerklich beschäftigt wirkten. Selbst das Gesicht des Sängers mit seinen Heiterkeitskerben wirkte wie die melancholische Erinnerung an ihn. Gollat fürchtete plötzlich diese Makellosigkeit, die jede natürliche Regung gering schätzte, sie hätte sich denn durch Nutzen ausgewiesen. Und mit dem Blümchen in der Hand fühlte er sich wie Onkel Pelle sich früher auf dem Erntedankfest in Stolpe gefühlt haben musste. Er bahnte sich einen Weg an den Straßenrand in die angrenzende Kiefernwaldung. Dort verlief das Gedränge ameisenhaft um junge Bäume herum, um Birkengebüsch und Traubenkirschen. Die Lieder des Sängers klangen hier harmloser.

Auf dem Trampelpfad wichen die Leute einem kleinen, etwa achtjährigen Jungen aus, der laut weinte. Gollat blieb bei ihm stehen. "Haben Sie einen Spaten bei sich?"

fragte der Junge laut schluchzend. Gollat sah zu Füßen des Jungen eine tote Katze liegen.

"Nein", sagte er und fand sich in gewisser Weise schuldig, als er antwortete: "Einen Spaten habe ich nicht bei mir." Er strich dem Jungen übers Haar.

"Aber wir müssen sie einbuddeln", sagte der Junge laut weinend und mit einer Festigkeit, die sich nicht wegtrösten lässt.

"Der Förster gräbt sie ein", sagte Gollat. "Morgen, wenn das Fest vorüber ist, wird er hier aufräumen und säubern. Er und die Forstarbeiter. Dann werden sie die Katze eingraben." Er hockte sich hin, stellte seine Umhängetasche und das Primeltöpfchen auf den Boden und begann, die Katze mit Moos und Nadeln zu bedecken. Der Junge half ihm dabei. Er hatte aufgehört zu weinen.

"„Bist du allein hier?"

"Mit meiner Klasse. Wir haben schulfrei und sind von Frohnau hierher gelaufen."

"Es ist gut, dass du an die tote Katze denkst."

"Werden sie sie wirklich einbuddeln?"

"Ganz sicher. Der Förster oder die Waldarbeiter." Er nahm den Primeltopf, stellte ihn auf den Katzenhügel und sagte: "Sie werden sie ganz bestimmt finden - so dicht neben der Straße." Dann kramte er in seiner Tasche, nahm den Klettermaxen und hängte ihn dem Jungen um. "Für dich. Zur Erinnerung an diese Grenzöffnung." Der Junge schluchzte noch und blickte ihn kurz an.

"Danke."Dann ging er gesenkten Kopfes zurück zur Straße. Aus den Boxen dröhnte eben eine Schunkelmelodie.

Gollat kehrte um. Im Besucherstrom schlenderte er dicht an den Ständen entlang zurück. Nahe des Kontrollpunktes traf er erneut Familie Ladewig. Sie schauten alle drei etwas bedrückt drein. Frau Ladewig ging leicht gebeugt und hielt sich ein Taschentuch gegen das Gesicht.

"Haben Sie sich verletzt?" fragte Gollat. Sie antwortete nicht. Ladewig sagte laut etwas zu ihr. Sie nahm ihr Taschentuch vom Gesicht. Ihre rechte Gesichtshälfte, von der Schläfe bis zur Nase, war blau unterlaufen. Ladewig und sein Sohn begannen hastig zu erzählen, und Gollat entnahm ihren Worten, sie hätten unter den Fängern und Haschern ausgeharrt, und plötzlich hätte die Mutter einen Beutel mit Seife und Bananen an den Kopf bekommen.

"Wie bitte?" rief Gollat. Er glaubte, sich verhört zu haben. Sie standen nahe an einer Lautsprecherbox, aus der Walzermusik drang und mussten sich anschreien, um einander zu verstehen.

"Ich wollte ihn ja fangen", rief Frau Ladewig weinerlich, "aber er rutschte mir durch die Finger."

"Gute Besserung!" schrie Gollat und drängte weiter. Es wurde Zeit, dass er ging. Er fand kein aufrichtiges Wort bei ihrem Anblick.

An einem Stand der 'Märkischen Kulturfreunde' schob er sich mit an den Tisch, erhielt ein Prospekt, auf einem Tellerchen zwei Stücken Streuselkuchen und einen Plastikbecher mit heißem Kaffee. Er versuchte am Becher zu nippen, wurde angestoßen und verbrühte sich die Lippen.

(Veröffentlicht in 'East Side Stories', Holzheimer Verlag, Hamburg, 2006)

Dorles Ausgang

1

Frei für drei Tage.

Ein unglaubliches Gefühl von Selbständigkeit erfasste sie. Beim Passieren der Grenzkontrollen, einem nüchternen alltäglichen Vorgang, war es ihr schwer gefallen, ruhig zu bleiben, die Grenzoffiziere nicht zu freundlich zu grüßen, nicht loszulaufen und zu jubeln. Einen freudigen Moment lang schien ihr, als läge alles, was sie je bedrückt hatte, hinter ihr, und sie wäre in Traumgeschwindigkeit ihrem bisherigen Leben samt Erinnerungen voraus- und zugleich zurückgeeilt und eben erwachsen geworden. Hatte sie nicht eben jemand Liebes von der Hand gelassen?

Oma Luises Worte klangen ihr noch im Ohr: „Lauf, Dorle! Schau dich um. Aber sei pünktlich zurück!" Und Dorothea erinnerte sich ihrer kleinen Unterschlagungen von Minuten, um ein wenig Freiheit herauszuschinden, abends, nach dem ihre Mutter sie vom Balkon aus gerufen hatte, und sie noch mit Freundin Ursula im Hauseingang lehnte, den von der Arbeit heimkehrenden Hausbewohnern freundlich grüßend die schwere Tür zu öffnen.

Dann, kaum fassbar, während sie ihre Reisedokumente sorgfältig verstaute, fiel die letzte, eine schmale Tür, hinter ihr mit metallischem Klacken zu, irgendwo weit zurück in der Ferne (Sie erinnerte sich der Gegenwart erwartungsvoll weit voraus.). Links die breite Tür, durch die sie ..., aber noch hielt sie dieses unerfreuliche Ende der Reise weit von sich, zurückkehren würde. An der Treppe zur S-Bahn und zur Fernbahn harrte ein Grenzoffizier wie eine letzte Mahnung Oma Luises, nicht vom Weg abzuweichen.

Sie durfte nicht zu verwundert schauen? Er könnte missverstehen und sie aufhalten. Also, betont gleichmütig. Wir sind auf der Welt, um voreinander zu verbergen ...

In der Scheibe eines geschlossenen orangegefliesten Kiosks erschrak sie vor ihrem Spiegelbild: Dunkles, etwas struppiges Haar, blasses Gesicht, aus dem ihre Nase hervorstach, umschattete Augen. O, mein Gott, dachte sie, bin ich gealtert. Für Momente hatten sie die Erinnerungen sich trotz ihrer Müdigkeit jünger fühlen lassen.

Auf dem angegebenen Gleis rollte quälend langsam der Zug nach Aachen über Köln ein. Die beiden Namen auf der Anzeigetafel wirkten auf Dorothea exotisch, verblüffend, ja, irritierend. Sie verlor ein wenig die Orientierung, griff nach dem Koffer. Der Lautsprecher, als beobachtete er sie, mahnte, bis zwei Minuten vor der Abfahrt des Zuges hinter der weißen Kontrolllinie zu warten. Sie ließ die Finger vom Griff und stand an dem letzten Hindernis, der breiten, einem endlos langen flachen weißen Brett ähnelnden, weil oft nachlackierten Linie. Gewissermaßen ein Schwesterchen der Mauer, dachte Dorothea und musste lächeln. Zwei Grenzsoldaten schlenderten, als wollten sie ihre Gedanken bestätigen, misstrauisch beobachtend neben der fetten Linie entlang des Zuges. Die Hände hinter dem Rücken, den Blick vor zur Diesellok, von wo Hundebellen ertönte. Die schneidige Bügelfalte, die blanken schwarzen Stiefel. Diese Haltung und gewisse Gesten und Mimiken, sollten ebenso wie gewisse Symbole, Worte oder Melodien aus gewissen Zeiten nicht mehr gestattet sein.

"Nach Aachen bitte einsteigen!"

Dorothea nahm ihren Koffer und stieg behutsam über den fetten weißen Strich, gab acht, ihn nicht zu berühren und stieg ein. Sie öffnete die Tür des leeren Abteils, schob den Koffer mit den Knien voran und setzte ihn zu Boden. Ihre Handtasche legte sie auf einen Fensterplatz.

Dann trat sie ans Fenster, zog es ein Stück herunter, um zu sehen, in welche Richtung der Zug führe und blickte geradewegs auf die graublaue Stahlwand, die den Fernbahnsteig und den S-Bahnsteig Richtung Westberlin von dem Ost-Bahnsteig trennte. Davor stand der kläglich schmale Kiosk: 'Intershop'. Wie sollte sie das je ihrem Enkel erklären, dass für sie die Hälfte Berlins aus geheimnisvollen, tabuisierten Ecken, Straßen, Winkeln, ja, ganzen verbotenen Stadtvierteln, verblassenden Erinnerungen und sterbenden Beziehungen bestanden hatte?

"Endstation! S-Bahn fährt zurück nach Wannsee", sagte der Lautsprecher.

"Die S-Bahn aus Wannsee!" dachte sie. "Wannsee. - Aus Wannsee. - Wann – see." Mehrmals sprach sie den fremdgewordenen Namen vor sich hin und lauschte erinnernd dem Klang nach.

Zwei alte Frauen und ein hagerer kleiner Mann stiegen aus der S-Bahn. Die Frauen mit Rolli und schweren Taschen gingen zur Treppe, der Mann trat ans Intershop-Kiosk, kaufte zwei Flaschen Schnaps, Zigaretten, ging zurück in den Wagen. Drei schmächtige junge Grenzsoldaten mit Pistole am braunen Gürtel schlenderten am Kiosk mit den Westwaren vorüber.

In der Abteilung Volksbildung hatte sie die stellvertretende Schulrätin darum gebeten, ihr sechs, statt der drei Reisetage zu bewilligen. "Einen halben Tag hin, einen halben zurück. Da bleiben ja nur zwei Tage übrig."

"Seien Sie froh, überhaupt fahren zu dürfen. Sie schaukeln Ihren Enkel auf dem Arm und fahren zurück. Das genügt doch. Ihre Tochter hat sich gegen unseren Staat entschieden, als sie nach drüben heiratete. Sie wusste, worauf sie sich eingelassen hatte."

Dorothea steckte ihren Kopf aus dem Fenster. Nach rechts? Nein. Ein Stück des Fernsehturms, das Hochhaus des Berlin-Hotels. Dieses bis zum Erbrechen überdrüssige Postkartenmotiv der 'Hauptstadt der DDR'. Nach links? – Ja, nach links musste er fahren. Dort, in der Öffnung der Hallenausfahrt war ihr an der Stadtsilhouette jeder Lufthauch so vertraut fremd. Darüber, auf einem stählernen

Laufsteg stand breitbeinig (Diese berüchtigte Ansicht konnte einen krank machen) ein Grenzsoldat mit geschulterter MP.

Dorothea ließ das Fenster einen Spalt offen, zog ihre dünne Jacke aus, hängte sie an den Haken neben sich. Sie nahm ihre Handtasche vom Sitz. Setzte sich. Entnahm Fahrkarte und Pass. Blätterte darin. Lächelte erleichtert. Betrachtete den Visumstempel, als wäre es eine Sammlerkostbarkeit. Das gute Stück galt ab Helmstedt.

Nur wenige Fahrgäste, meist ältere Leute, stiegen zu. Zu Dorothea ins Abteil setzte sich, auf ihren Gehstock gestützt, eine kleine alte Frau mit weißem gewellten Haar und Brille. Sie stellte ihre große nicht sehr schwere Reisetasche auf den Sitz neben sich. Der Lautsprecher forderte auf, beim nächsten Halt auf die Durchsage zu achten. Sie nahm vom Sitz neben ihr eine Streckeninformation und las darin.

"Entschuldigen Sie die Frage, junge Frau: Sind Sie aus dem Ostteil?"

Dorothea nickte.

"Man sieht es Ihnen nicht an. Sie wirken so ruhig und ausgeglichen."

"Danke. - Tatsächlich bin ich mehr als aufgeregt. Ich will meinen Enkel besuchen. Er ist bereits drei Monate alt. Tino heißt er. Der Sohn meiner Tochter, wissen Sie. Vor einem Jahr hat sie nach drüben geheiratet, nach Bielefeld. Und heute darf ich reisen, ihn besuchen. Drei Tage hat man mir bewilligt."

"Wie großzügig."

Endlich rollte der Zug ins Sonnenlicht, rollte durch eine Gasse aus grauen Wänden, als sollte Dorothea den Weg aus jahrzehntelangen Fantasien und Träumen nicht zu genau erkennen, wie auch den Nichtreisenden, den auf der Straße neben der S-Bahnstrecke Gehenden, den aus den oberen Etagen der Häuser Sehenden der Blick auf die schlichte Normalität freier Bewegung verwehrt wurde.

Als sie die Namen der nächsten Stationen las, schloss sie ungläubig die Augen vor der rasenden Geschwindigkeit, mit der ihr damaliges Leben sie einzuholen schien. Plötzlich hielt der Zug mit leisem Quietschen der Räder. Dorothea blickte eine Zeit lang reglos aus dem Fenster, um ihr Gedächtnis und den friedlichen Eindruck eines lange ersehnten normalen Tages nicht zu stören.

2

Eine Durchsage informierte sie davon, aus technischen Gründen würde der Zug seine Fahrt erst kurz vor achtzehn Uhr fortsetzen. Sie sah mit Schrecken auf die Uhr: Dreieinhalb Stunden von Tino und mir geklaut. Ihr stiegen die Tränen in den Augen.

"Meine Schwester ist im Januar gestorben", erwähnte die alte Frau und wandte ihr waches humorvolles Gesicht Dorothea zu. "Sie hat in der Lietzenburger Straße gewohnt. Sonst hätte ich sie jetzt besucht. Bis zuletzt hatte sie an der Rezeption eines alten Hotels gearbeitet."

"Darf man hier aussteigen?" fragte Dorothea leise.

"Du liebe Güte, junge Frau, wer will das kontrollieren?"

Dorothea nahm ihre Handtasche und stellte sich auf den Gang. Die Menschen auf dem Bahnsteig erschienen ihr seltsam erregt und hektisch. Sie blickte auf den Bahnhofsvorplatz. Nichts, was sie noch kannte. Dort drüben – hinter einer langen Reihe cremefarbener geräumiger Limousinen – der hohe Zaun, das musste der Zoologische Garten sein.

Dreieinhalb Stunden! Sie könnte Reinhard anrufen. Sie könnte auch in den Zoo gehen. Bei diesem Gedanken fühlte sie sich recht aufmüpfig, hatte die Schule geschwänzt, sich zurechtgemacht: den weiten gelben Rock mit dem steifen Petticoat darunter, Velvedjacke, Hackenschuhe und spazierte allein über die Böse-Brücke in den Westen zu Freundin Ulrike. Mit ihr zum Kino Zoopalast. Der Regenmacher mit Burt Lancaster. Ihr letzter Film im Westen.

Sie erinnerte sich bestimmter Straßen und Erlebnisse aus ihrer Kindheit, die sie vergessen zu haben glaubte. Das Wiedersehen des anderen Teils der Stadt hatte sie so häufig und intensiv herbeigesehnt, -gewünscht, -geträumt, dass es ihr jetzt schwerfiel zu unterscheiden, ob sie sich in der Wirklichkeit ihrer Vorstellung befand oder in der greifbaren Wirklichkeit.

Sie sollte jetzt Reinhard anrufen. Immerhin hatten sie sich seit seiner Ausreise vor sechs Jahren nicht mehr gesehen. Sicher käme er, und sie konnten ein wenig spazieren gehen.

Dorothea setzte sich zurück ins Abteil, um ihr Unternehmen zu überdenken, nahm wieder ihren Pass aus der Handtasche, blätterte darin, betrachtete den Stempel. 'Visum zur einmaligen Ausreise nach der BRD'. Westberlin war nicht erwähnt. Einige Schritte hinaus auf den Vorplatz könnte sie doch gehen. Zum Taxistand. Dicht an die Busse. Den Bus Richtung Spandau einmal ganz dicht an sich vorüberfahren lassen ... Könnte ihr jemand ein Vergehen nachweisen? - Sofern sie es wagte. In Gedanken spielte sie alle ihr erreichbaren Möglichkeiten durch: Ob im Bahnhof oder davor, wer von den Kontrollorganen könnte es bemerken oder nachweisen? Niemand. Es sei denn ... Aber ein Unfall durfte ihr nicht passieren. Sie müsste sich vorsehen. Und – sie müsste pünktlich wieder im Zug sitzen. Falls nicht? Wessen könnte man sie überführen? Der Missachtung des Visums ...? Die Folgen! Ein Vorwand, sie nicht mehr fahren zu lassen.

Es ist ja Freitag, dachte sie erleichtert, Werktag, als hätte sie einen Grund gefunden, den Bahnhof nicht verlassen zu müssen. Dann fiel ihr ein, Schwägerin Kati ließ sich umschulen und Reinhard war arbeitslos. Wochentage spielten also keine Rolle. Was die Tätigkeiten anging, mit denen er zum Unterhalt seiner Familie beisteuern sollte, war ihr Bruder offenbar sehr wählerisch. In Leipzig hatte er Archäologie studiert. Und nun nahm er nur Arbeiten an, die ihm als Akademiker zustanden.

Sicherlich käme auch Kati mit zum Bahnhof.

Während Dorothea diesen Gedanken nachhing, fühlte sie sich undankbar gegenüber den Ostberliner Behörden. Immerhin hatte man ihr vertraut und sie fahren lassen. Und dachte sie an den mageren Offizier im Polizeipräsidium, dessen Augen ihrem bittenden Blick versucht hatten auszuweichen, begann sich nachträglich Mitleid in ihr zu regen. Was aber, verpasste sie den Zug? Fuhr er beispielsweise früher ab, weil die technischen Probleme behoben waren? Ließe man sie in Helmstedt passieren, oder schickte man sie zurück und setzte sie auf die 'Schwarze Liste'? Ihr Enkelchen besuchen zu dürfen, das sie noch nie gesehen hatte, darauf konnte sie nicht verzichten. Dafür würde sie auch drei Stunden im Zug ausharren, ohne nur aus dem Fenster zu sehen.

So saß sie einige Minuten reglos, bis die alte Frau sie ansprach: "Weshalb gehen Sie nicht ein wenig in den Straßen spazieren?"

"Das Visum ..."

"Es kontrolliert Sie doch niemand. Ich bin oft rausgegangen, als meine Knie noch mitspielten. Zweimal war ich während solcher Aufenthalte im Schloss Charlottenburg. Gehen Sie! Nutzen Sie die Zeit!"

"Sie haben recht. Danke. Mir scheint, die Sehnsucht hat mich erschöpft. Ich musste mir erst ein wenig Mut zureden."

Dorothea nahm Koffer und Tasche und stieg aus. Auf dem Bahnsteig, zwischen dem Hin und Her der Reisenden entschloss sie sich, Reinhard anzurufen. Sie fuhr auf der Rolltreppe nach unten. Den Bahnhof empfand sie ungewohnt eindringlich, so, als suchte sie sich selbst zwischen den Menschen, ihr zu Hilfe zu kommen, diese Fremdheit zu erläutern, die über der Situation lag. Die Menschen schienen lebhafter, lauter, ungehemmter, ungezwungener, ohne sichtbaren Grund, einfach ihren gerade eingenommenen Platz beherrschend. Jeder und jedes Ding schien bemüht, sogleich alle Aufmerksamkeit auf sich zu ziehen: Gerüche nach Gebratenem, Knoblauch, Zwiebeln, Zigarettenqualm, Reklamelichter, Reklameschilder, das blödsinnig durchdringende Auf- und Abschwellen der Sirene eines Feuerwehrautos.

Vor dem Ausgang fasste sie nach selbstquälerischen Zweifeln den Mut, mit anderen Reisenden wie selbstverständlich durch die Schwingtür auf den Vorplatz zu treten, wobei sie sich immer wieder prüfend umsah. Sie konnte aber niemanden entdecken, der ihre Schritte beobachtete.

Zwei verwahrlost aussehende bärtige Männer mit verschlafenen ironischen Gesichtern saßen wie selbstverständlich an die Wand gelehnt hinter der Tür auf dem Gehweg und schienen von der Welt um sie her amüsiert. Ansonsten drückende Wärme, Sonne, lärmende Eile ...

Reinhard war wie vermutet zu Hause. "Wann fährt dein Zug? Wunderbar, Dorle. Wir kommen sofort." Anfangs folgte Dorothea den Worten ihres Bruders mit geteilter Aufmerksamkeit, als lauschte jemand, den es zu beschwichtigen galt, dem sie zu erkennen geben musste, dass sie auf seiner Seite stand und nicht etwa schwankend in ihrer staatsbürgerlichen Haltung, Westberlin und das Leben ihres Bruders attraktiv fand. Doch schien das Telefonieren sie zu verändern. Die gelbe Haube, unter der sie telefonierte. Nein. Sie selbst veränderte sich, fühlte sich so sympathisch allein mit ihrem Bruder, achtete weniger als sonst auf ihre Worte, hatte das Gegenüber besser im Blick. Ja, das war es: Sie redete über den imaginären Lauscher hinweg. Unter der gelben Haube nebenan telefonierte laut eine große hagere Frau mit freundlichem Gesicht. Sie blickte Dorothea gedankenverloren an und redete mit dem Telefonhörer so ungezwungen, dass jeder, der wollte, mithören konnte. Doch offenbar schien sich niemand dafür zu interessieren.

"Wir werden uns die Straßen ansehen, den Ku-Damm, uns ins Café Kranzler setzen ... Warte unten! Ausgang Hardenbergstraße ..."

"Nein, nein, auf dem Bahnsteig."

"Ja, gut. Auf welchem Bahnsteig?"

Dorothea hielt inne. "Ganz hinten, glaube ich ..."

"Was ist, Dorle? Weshalb flüsterst du?"

"Ich flüstere?" Sie räusperte sich. Tatsächlich sprach sie leise, um nicht aufzufallen. Hier aber schien jeder auffallen zu wollen. Deshalb die Lautstärke, die Lebendigkeit des Alltäglichen. Jede Lebensregung schien bedeutsamer zu sein, als sie es bisher geahnt hatte. Sie fühlte sich zerrissen. Drüben war sie den behördlichen Intrigen ausgesetzt, und hier wirkte der Tag laut, aufdringlich, fremd. Sie käme ja gern öfter herüber zu Besuch, fürchtete aber, die Freude darüber ginge bald verloren, würde geschluckt von dieser nervösen Betriebsamkeit. Und sie wünschte sich zurück in die östliche Ruhe. "Ich werde neben dem Kiosk mit der Eisfahne stehen."

"Okay, Dorle, wir kommen."

Dorothea blickte auf die Bahnhofsuhr. Eine halbe Stunde hatte sie bereits mit Gucken, Erinnern, Zweifeln und Telefonieren verbracht.

3

Neben sich Koffer und Tasche, das Fenster ihres Abteils und die Wagentür fest im Blick, wartete Dorothea auf dem Bahnsteig. Falls der Zug vorfristig führe, könnte sie rasch noch einsteigen. Während sie zur Treppe blickte oder Leute beobachtete, beschlich sie die leise Sorge, ihn immer wieder aus den Augen lassen zu müssen.

Wirkte sie noch immer gelassen, so fiebernd-nervös, wie sie sich fühlte? Es interessierte sie brennend, ob man den Reisenden ihre Herkunft ansah, und ob sie auffiel. Sie blickte aber zu unruhig umher, um sich darauf eine Antwort geben zu können.

Einmal ruckte der Zug an. Dorothea fuhr zusammen, griff Koffer und Tasche und sprang auf die Wagenstufen. Der Zug aber stand. Die Lok war abgehängt und die neue Lok unsanft angekoppelt worden. Durchatmend stellte sie sich wieder auf den Bahnsteig.

Auf einer der Bänke saßen mehrere bärtige Männer mit Bierbüchsen in den Händen. Einer lag mit dem Kopf unter der Bank in einer Lache. Seine schmutzigweißen Turnschuhe schauten munter neugierig zur Hallendecke. Zwei Polizisten, eine Polizistin kamen mit der Rolltreppe hoch, schlenderten herbei, umrundeten die Gruppe, stellten sich einige Schritte entfernt auf. Diese fremde Situation, das fremde Grün der Uniformen, die Handschellen, Handschuhe am Gürtel, und die Pistole so sichtbar, so locker griffbereit im Halfter, erweckten in Dorothea den Eindruck unmittelbarer Bedrohung. Zwei der bärtigen Männer argumentierten laut und heftig gestikulierend. Ein Polizist, ohne sie aus den Augen zu lassen, sprach in ein Funkgerät.

Dorothea kramte ihre Fahrkarte aus der Handtasche und versuchte, die Eintragungen darauf zu lesen. Abfahrzeiten. Ankunftszeiten.

"Hallo, Dorle!" Reinhard tauchte auf der Rolltreppe auf. Gedrungen, federnd, in dunklem Anzug, bunt kariertem offenen Hemd. Dicht hinter ihm Kati. Mit blondmeliertem kurzen Haar und verlegen lächelnd. Sechs Jahre lang hatten sie bloß miteinander telefoniert, hatte sie versucht, sich Reinhards Gesicht vorzustellen. Sie umarmten sich etwas ungelenk, sahen einander aufmerksam an.

"Hat es endlich einmal geklappt", sagte Kati bestimmt aber leise und lächelte, als fürchtete sie, man würde sich nicht wiedererkennen.

"Fragt nicht, wie mühselig es war", sagte Dorothea, "ich bin reif für eine Kur."

"Weißt du noch", fragte Reinhard, "wie wir uns vor Jahren ausgesponnen hatten, wie es wäre, am Bahnhof Zoo zu stehen?" Er wirkte ruhiger, glatter, gepflegter, sein schwarzes Haar schütterer. Die Nervosität der letzten Monate im Prenzlauer Berg waren fort. Als er lächelte, sah sie, dass seine Zahnlücke verschwunden war.

"Deine Zähne sehen gut aus", sagte sie.

"Unsere Zähne wurden kostenlos saniert. Allein bei mir stecken über sechstausend D-Mark drin ..."

Dorothea schaute ungläubig. Ihr schien diese gewaltige Summe fantasiert. Kati lächelte jetzt, wie man unwissenden Kindern zulächelt.

"Wo möchtest du hingehen? Was möchtest du sehen? - Den Zoo? Café Kranzler?" Reinhard blickte fragend zu Kati. Ein Zug fuhr ein. "Aus Genf Richtung Friedrichstraße", verkündeten die Lautsprecher. "Weiterfahrt in zwanzig Minuten."

"Wir können uns da reinsetzen und uns unterhalten", schlug Dorothea vor und wirkte erleichtert. "Ich kaufe am Kiosk rasch drei Becher Kaffee ..."

Reinhard nahm ihre Hand. "Du hast noch fast drei Stunden Zeit."

"Es werden ja weitere Züge Richtung Friedrichstraße einfahren," wandte seine Schwester leise ein.

"Dorle, das ist nicht dein Ernst", sagte Kati, nahm Dorotheas Koffer und ging voran. "Kommt, wir sollten die Zeit nutzen", rief sie den Geschwistern zu. Sie bemühte sich an Aushängen den Grund und die Zeiten des Aufenthaltes zu erfahren, war die Nüchterne, Zupackende. Dorothea ging zögerlich hinter beiden her. "Sechsundzwanzig Jahre sind es her", sagte sie, "sechs-und-zwanzig Jahre." In Gedanken hatte sie eben eine Ausrede formuliert. Mit steiler Falte zwischen den Brauen blickte sie auf Reinhards Rücken, der unter ihr auf der Rolltreppe abtauchte. "Es ist wohl besser, wir bleiben in der Nähe des Bahnhofs", sagte sie, aber so leise, dass er nichts davon hörte. Ihr schien, er wäre bloß gekommen, sie zu etwas Verbotenem zu überreden. Eine seiner üblichen Dummejungenstreiche. "Das sollst du nicht sagen. Du weißt, wir dürfen nicht auf den Balkon, ehe Mama oder Oma zu Hause sind ..." "Hörst du nicht augenblicklich damit auf, werfe ich den Teppich um. Oder ich schaukele die Lampe ..." Wochentags hatte der Teppich zur Schonung im Schlafzimmer aufgerollt neben der Waschkommode gestanden. Fiel die Rolle gelegentlich um, ergriff den kleinen Reinhard panische Angst. Sie nutzte diesen Umstand, um ihren wilden Bruder zu bändigen. Oder sie stieß in der Dämmerung die Hängelampe an, die dann ihre Fransen hin- und herschwenkte wie lange Spinnenbeine und huschende Schatten an die Tapete warf.

Den Koffer verstauten sie in einem Schließfach und traten auf den Vorplatz. Es war schwülwarm, verwirrend laut, bewegt und bunt. Eine lange Reihe cremefarbener Taxis säumten die Straße wie zu einem großen Empfang.

Auf dem Gehweg unter der Balustrade umstand eine Gruppe schwarzhaariger junger Männer einen am Boden

Hockenden, der aufwendig gestikulierend drei Streichholzschachteln hin und herschob. Eine schlanke junge Frau sah gespannt zu. Dann und wann lachte sie. Ihr schien, sie hätte das Spiel durchschaut.

"Hütchenspieler", sagte Reinhard abfällig. "Betrüger." Der junge Mann am Boden hielt plötzlich im Tausch der Schachteln inne. Die junge Frau tippte mit dem Finger auf eine der Schachteln. Er hob sie an. Nichts darunter. "Verloren", sagte er bedauernd die Schultern hebend. Die junge Frau erhob sich ruckartig. "Verloren? Weshalb? Einhundert Marrka! Geben einhundert Marrka wieder, bitte!" Sie begann zu weinen. "Ich komme aus Polen. Einhundert Marrka – ganzes Geld." Schminke verwischte sich in ihrem Gesicht. Sie sah aus wie eine Schauspielerin, die beim Abschminken unterbrochen worden war. Die Männer blieben ungerührt und wortlos. Ein anderer aus der Gruppe, als wäre er eben erst hinzugekommen, um ein Risiko zu wagen, reichte dem hockenden Spieler einen Hundertmarkschein. Der legte ein weißes Kügelchen unter eine der Schachteln und begann sie von Neuem, sehr geschäftig zu tauschen. Die weinende junge Frau beachteten sie nicht weiter.

Dorothea war voller ängstlicher Unruhe. Die Vorgänge um sie herum, die Geräusche in der Bahnhofshalle und davor, die vielen so verändert klingenden Stimmen, blieben ihr seltsam fern, als müsste sie sich erst erinnern. Das bunte fremde von früher, von fern bekannte hektische Leben sah sie wie im Traum, und zugleich blickte sie hellwach, aufgereizt bis unter die Haarwurzeln.

"Dorle, was möchtest du sehen?" fragte Kati. Dorothea merkte ihrer Schwägerin an, wie sehr sie ihr 'unser Berlin' zeigen, ja, darbieten wollte.

"Ich weiß nicht. Nur irgendwo sitzen. Mir schwirrt der Kopf." Gern wäre sie mit ihnen gebummelt, einmal um den Bahnhof herum, sich gemeinsam erinnernd an die Jahre im Prenzlauer Berg, in Köpenick, in Birkenwerder an der Havel. Dann rasch wieder auf den Bahnsteig, zurück in den Zug. Ihre Erinnerungen aber schienen hier ungültig zu sein, wie eine verfallene Währung.

"Vielleicht zum Zoo?" Den Zoo kannte sie aus der Kindheit. Das Gelände war ihr noch vertraut ...

"Für einen Rundgang reicht die Zeit nicht aus", wandte Kati ein. "Vielleicht beim nächsten Mal."

"Nein, nein, nur den Zaun entlang – bis zum Eingang", sagte Dorothea erleichtert. Sie blickte sich scheu um, ob nicht jemand Bekanntes sie auf ihren Abwegen sah. Sie überquerten die Straße. Reinhard ging voran, bewegte sich durch lebhaften Autoverkehr. Dann ging Dorothea zwischen ihnen, leidlich geschützt vor fremden Blicken. Kati und Reinhard erklärten ihr Einzelheiten von Umbauten, das neue Fast Food-Restaurant, der Elefanteneingang ...

Am Zaun scherte Dorothea mutig aus ihrer Mitte aus, berührte die dunkelgrünen kühlen schmiedeeisernen Stäbe. Ob das noch der Gleiche war, den sie als Kind berührt hatte?

Schließlich schlenderten sie zurück, den Kurfürstendamm entlang. Dorothea ging jetzt immer einige Schritte voraus, als stieße sie jemand oder als wollte sie diesen Bummel rasch hinter sich bringen. Reinhard wies auf Schaufenster, und plötzlich auf eine elektronische Leuchtschrift an der Eckfassade eines Hauses, die neben einem Foto von Gorbatschow auftauchte.

"Dorle, es tut sich was." Seine Schwester las: "... die von den Gesetzmäßigkeiten der in vieler Hinsicht interdependenten und ganzheitlichen Welt diktiert wird", und nickte, als hätte sie verstanden. Kati redete von ihrem externen Studium als künftige Beamtin im Umweltamt. Täglich müsste sie mehrere Stunden ungestört im Wohnzimmer lernen. Dort hätte sie sich eine Schreibecke eingerichtet.

Dorothea ging neben ihnen mit geteilter Aufmerksamkeit. Bloß nichts übersehen! Die Arbeitskollegen, die Kinder würden fragen. - Werden sie's merken an der Grenze? Können sie's merken? Es ruckte und zerrte ihr in den Schultern, als hinge sie an Fäden.

"Das Café Kranzler." Katis Stimme klang, als stellte sie ihre neue Couch vor. Dorothea hatte das Café anders in Erinnerung, farbenkräftiger. Von Ansichtskarten, die zu Hause im Bücherregal an die fiktive wirkliche Welt erinnern halfen, in der sie jetzt, so mir nichts, dir nichts, herumspazierte.

"Setzen wir uns draußen an einen Tisch?" fragte Reinhard. "Es ist sehr warm."

"Nein, lieber drinnen", sagte Dorothea rasch. Der Fußgängerstrom mit seinen unzähligen Augen machte sie nervös. Sie setzten sich an ein Tischchen hinter der Scheibe. Misstrauisch blickte sie auf den Gehweg, wie auf ein gefährliches Reptil, das jeden Moment zustoßen konnte. Sie aßen Eis. Reinhard spürte die Unruhe seiner Schwester.

"Weißt Du was, Dorle, wir fahren rasch noch zu uns. Damit du siehst, wie wir wohnen."

"Ja, ... aber ich darf den Zug nicht verpassen ..."

"Aber nein. Wir wohnen nur wenige Straßen von hier entfernt", sagte Kati beruhigend.

"Ich hätte gar nicht aussteigen dürfen ..." Weshalb respektierten sie ihre Angst nicht? Sie fühlte stille Wut auf ihren Bruder, auf Kati. Die so taten, als hätten sie mit ihrem Ausreiseantrag Mut und Widerstand mit Löffeln gefressen. In Ostberlin aber musste sie weiterleben. Es schien, als zählte ihr Leben hinter der bunten Seite der Mauer wenig; als betrachtete man sie aufgrund ihrer Zwangslage herablassend als behindert, bewegungsbehindert, mauerbehindert. Im Osten blickte jeder nach Westen wie die Sonnenblumen sich zur Sonne wendeten. Hier im

Westen aber schien man die Himmelsrichtung Ost vergessen zu haben. Dorothea geriet plötzlich in die Lage, ihren Arrest hinter der Mauer sympathisch zu finden. Es machte sie wehrlos und traurig zugleich, Mitleid zu empfinden mit diesem deutschen Heimatstück hinter der grauen Mauerseite, Mitleid mit dieser hilflosen, schwächlichen Situation, die gegen diese rabiate ruhelose Mobilität nur eine Chance besaß, statt sich abzuwenden und einzuschließen, ihr in die Augen zu blicken, sich mit ihr zu messen.

Sie spazierten den Ku-Damm zurück zur Hardenbergstraße, wo das Auto parkte. Neben einem grünumzäunten Straßencafé flanierten zwei schlanke junge Frauen auf und ab. Die eine mit kurzem glattem Haarschnitt, die andere dunkelgelockt. Sie trugen lange schwarze Lackstiefel und freie Schenkel wie in einem Badeanzug und schauten aus, als wären sie mal kurz aus einem Schwimmbad zur Parade ins Freie getreten.

"Welch eine Mode", sagte Dorothea erstaunt.

"Nutten", sagte Reinhard halblaut und lächelte verlegen.

"Aha." Es war ihr peinlich, die Lage nicht durchschaut zu haben. Die kleinere der beiden Frauen wurde von zwei Jugendlichen angesprochen. Dann verschwanden sie zu dritt in einem Hauseingang neben dem Café.

Der Wagen parkte im Halbdunkel unter der Bahnbrücke. Ein kleines glänzendrotes Auto. Reinhard öffnete die Beifahrertür, klappte den Sitz nach vorn.

"Dorle, setzt du dich nach hinten ...?!" Dorothea stieg ein, setzte sich. Sie fühlte sich ermüdet. In der einen Stunde, die sie jetzt in Westberlin weilte, hatte sie viel gesehen, worüber sie sich bisher hatte keine Gedanken machen müssen. Der Sitz klappte zurück.

"Sind hinten keine Türen?" fragte sie leise.

"Nur die Heckklappe", sagte Kati und setzte sich vor sie. "Aber für Gepäck bleibt genügend Stauraum."

Dorothea fühlte ihr Herz rasen. Der Wagen fuhr an. Sie blickte angstvoll auf das türlose Blech neben sich. Ein beklemmender Druck auf dem Brustkorb, ließ sie nur schwer atmen, als hätte man sie zwischen die Sitze geschraubt. Sie wollte schreien, gegen die Scheibe schlagen. Als sie glaubte, ersticken zu müssen, zwang sie sich zu normaler Lautstärke. "Halt! Reinhard! Ich muss raus!"

"Was ist?"

"Ich sitze wie eingeklemmt ..."

"Wir sind gleich zu Hause, Dorle. Noch zwei Querstraßen."

"Anhalten!" schrie sie, "ich will raus!". Weinte beinahe.

"Raus möchte ich, raus. – Hier sind keine Türen ..." Erschrocken fuhr ihr Bruder an den Straßenrand.

"Dorle, was ist dir?" Dorotheas Gesicht war rotfleckig. Sie fühlte sich geschwitzt, erschöpft. In panischer Angst drängte sie an dem vorgeklappten Sitz vorüber ins Freie – auf den Gehweg. Stieß sich den Kopf, schrammte mit dem Knie den Griff. Kati stieg betont gelangweilt aus und verdrehte ungeduldig die Augen.

"Ich setze mich hinter", sagte sie. So standen sie einige Minuten. Bis Dorothea sich beruhigt hatte.

Als sie am Straßencafé vorüberfuhren, trat die gestiefelte junge Frau aus der Haustür, schlenderte den Gehweg entlang.

4

Nahe dem Fehrbelliner Platz hielten sie vor einem mehrstöckigen grauen Haus. Wind kam auf. Aus dunklen Wolken platzten große Regentropfen auf dem Gehweg, hinterließen dunkle Flecken. Hinter ihnen schien noch die Sonne.

"Ein Gewitter kommt auf", sagte Reinhard, während sie in die Wohnung traten.

"Ich muss zurück", sagte Dorothea kläglich.

"Dorle, uns bleiben noch eine Stunde und fünfzehn Minuten bis zur Abfahrt des Zuges", sagte Kati. "Setz dich. Ruhe dich aus. Ich koche rasch Kaffee."

"Nein, nein ...", Dorothea fühlte wieder diese Beklemmungen, den Druck auf der Brust, "wenn ich den Zug verpasse, lassen sie mich nie wieder in den Westen. Und ich wollte ja bloß zu dem kleinen Tino ..." Dorothea legte eine Pause ein, sah bittend auf ihren Bruder.

"Komm", sagte Reinhard, um sie auf andere Gedanken zu bringen, "ich zeige dir die Wohnung." Dorothea noch immer in ihrer Regenjacke, ging überhastet mit ihm, als bewundere sie die Wohnung, durch die Zimmer.

"Ein Bad, eine Toilette mit Dusche. Schön! Sehr schön!" Doch war sie unaufmerksam. Zu Hause, wird sie die Anzahl der Zimmer, deren Einrichtung vergessen haben.

Der Himmel hatte sich verdunkelt. Blitze zuckten.

"Wir wollen uns in der Nähe eine Eigentumswohnung kaufen", sagte Kati und trug auf einem Tablett die Kaffeetassen aus der Küche, "die Siedlung wird jetzt gebaut. Wir können sie uns rasch mal ansehen. Noch regnet's ja nicht."

"Danke", rief Dorothea erschrocken, "fahrt mich bitte zum Bahnhof!"

Auf der Suche nach einem Parkplatz passierte Reinhard mehrmals den Bahnhofsvorplatz. Jedes Mal versuchte Dorothea einen Blick vom Zug zu erspähen. Sah aber bloß die das Gewitter spiegelnde Glasfront des Bahnhofs.

"Dorle, schau dich noch einmal um", sagte Reinhard.

"Und vielleicht sehen wir uns auch auf der Rückfahrt. Rufe uns an!" Dorothea nickte, gönnte sich jedoch keinen Blick mehr für die Umgebung.

Sie holten den Koffer aus dem Schließfach. Dann hetzte sie die Treppen hoch. Reinhard mit dem Koffer konnte ihr kaum folgen. Sie blickte sich nur kurz um, ob sie nicht zurückblieben. Ihr Herz raste. Hoffnung und Zweifel jagten sich. Oben angekommen, sah sie – das leere Gleis. Möchte zusammenbrechen. Doch, Irrtum, dort stand der Zug, auf dem Nachbargleis. Sie hatten die entgegengesetzte Treppe benutzt.

Auf dem Bahnsteig wimmelte es von Reisenden. Zwei Tage vor Pfingsten wechselten die Urlauber zwischen Westberlin und dem Bundesgebiet. Dorothea drängte zu ihrem Wagen, öffnete die Tür, stieg ein. Reinhard folgte mit dem Koffer. Im Abteil saß die alte Dame. Dorothea sank erschöpft, erleichtert wie nach überstandenem irrsinnigen Chaos, auf den Sitz. Reinhard verstaute den Koffer, und setzte sich ihr gegenüber.

"Siehst du", sagte er, "noch fast eine dreiviertel Stunde Zeit." Auf dem Bahnsteig vor dem Fenster stand Kati, zuckte, zur Bahnhofsuhr zeigend, mit den Schultern. Dorothea nickte lächelnd.

"Na, sehen Sie", sagte die alte Dame, "es hat sich gelohnt, nicht wahr?"

"Zwei Stunden vom Rande einer Reise", antwortete Dorothea.

Allmählich kam sie zur Ruhe. Sie sah über sich zur Gepäckablage: der Koffer. Sie legte den Arm auf ihre Handtasche, atmete tief durch. Niemand mehr konnte ihr etwas anhaben.

(Veröffentlicht in: Anthologie 'Flaschenpost aus Nordost', Maurine-Radegast, 2004; in 'East Side Stories', Holzheimer Verlag, Hamburg, 2006)

69

Eine beiläufige Bemerkung

Unter anderem unterrichtete Helmut Strack Geschichte in der sechsten Klasse. Da Kinder verständlicherweise erst über geringe Erfahrung mit selbst zurückgelegter Zeit verfügen und nur schwer die komprimierte Darstellung vergangener Jahrhunderte erfassen, vermittelte er den Stoff vor allem erzählend. Häufig brachte er fünf, sechs belletristische Bücher mit zum Unterricht, in denen er sich Details zu einem Thema markiert hatte. Anfangs las er sie vor, später wusste er sie auswendig und erzählte sie. Erzählend fand er sich den Kindern, den vergangenen Generationen und allen Menschen näher, weniger bedrückend fremd und erniedrigend, als den Kindern anhand von zusammengefassten Lehrsätzen und Zusammenfassungen, Lippenbekenntnisse abzuverlangen.

Diesmal betrachteten sie sich zum Abschluss der Stunde sakrale Kunst der Reformationszeit. Im Anhang des Lehrbuches gab es neben Fotos von Holzschnitzereien und Bauwerken einen schlechten Farbdruck vom Bildnis des Gekreuzigten auf dem Altar in Isenheim von Matthias Grünewald zu sehen. Die Kinder blickten mitfühlend auf den Mann am Kreuz. Zahlreiche Kinder verwechselten Jesus mit Nikolaus, dem Bischof von Myra, und glaubten, er hätte Weihnachten erfunden, damit sie beschenkt würden. Einige wussten immerhin, er wäre in einer Futterkrippe geboren, und selbst die Unwissendsten hatten erfahren, dass er kein Bösewicht gewesen war.

Tom Schwertfeger, ein lebhafter, sonst vorlauter Junge mit weißblondem Haar fragte: "Herr Strack, weshalb ist Jesus da angenagelt worden? Was hat er getan?" Aus einem Thema des Vorjahres wusste er, dass die Römer überlebende Aufständische entlang der Via Appia gekreuzigt hatten.

"Ich weiß es", warf ein Junge ein, "weil er die Bibel geschrieben hat."

Sie waren auf ein zentrales Thema der Menschheitsgeschichte gestoßen, an dem sich schon Generationen von Dichtern, Denkern, vereinzelt auch ehrliche Staatsmänner die Zähne ausgebissen hatten: Wie können die Völker miteinander in Frieden leben. Und sie mussten zumindest hier für sich diese Frage klären. Sofern sie sie hier für sich nicht klärten, konnten sie nicht damit rechnen, dass sie auch nur die geringste Chance in der Welt hatte.

Helmut Strack schaute auf die Uhr und sagte: "So, wie ich das Leben von Jesus und dem Neuen Testament verstanden habe, ist Jesus zu den Menschen gekommen, um sie zu versöhnen und Frieden zu bringen, damit dieses Morden seit Kain und Abel ende."

"Wer sind Kain und Abel?" fragte Tom Schwertfeger.

"Die Geschichte von Kain und Abel steht in der Bibel im Alten Testament."

Es klingelte zur Pause, und der Lehrer sagte in die Aufbruchsstimmung hinein: "Wir haben wöchentlich nur fünfundvierzig Minuten zur Verfügung. Wer mehr zu diesem Thema wissen möchte, frage bitte seine Eltern. Lasst euch die Bibel zeigen und daraus vorlesen. Sie ist immerhin das meistgelesene Buch der Welt, neben den Büchern der anderen großen Weltreligionen."

Einige Tage später.

In der ersten großen Pause musste Helmut Strack zur Aufsicht auf den Hof. Am Zaun neben der Straße gegenüber der Konsum-Kaufhalle und den fünfstöckigen Wohnblöcken stieg aus einer Gruppe Jugendlicher der zehnten Klassen blauer Qualm. Sie rauchten trotz Verbot. Es lohnte nicht, sie zu ermahnen. Ehe er bei ihnen war, hatten sie alle Spuren beseitigt. Er spazierte auf dem staubigen Schlackehof in dem Kindergewimmel, wich laufenden, sich jagenden Kindern aus, grüßte, beantwortete Fragen, schlichtete Streitigkeiten und versuchte, möglichst gelassen-humorvoll Gerechtigkeit, Rücksicht und Friedfertigkeit einen angemessenen Platz zu verschaffen. Das Treten war damals noch nicht verbreitet, auch waren in der Gewaltanwendung noch Nuancen erkennbar und Spuren von Fairness, die in seiner Schulzeit ein gewisses Ansehen besaßen. Gleichwohl waren in dem Kreischen, Boxen, Stoßen, Drängeln, an der Kleidung zerren, Laufen, Schubsen, Beinstellen, Stürzen, schwächere oder sanfte Kinder durchaus gefährdet. Mehrere Jungen der unteren Klassen zerrten schreiend einem Mädchen rechts und links an den Armen:

"Zieh! Los zieh!"

Der Lehrer hielt sich in der Nähe von Hans Belke auf, der in einem Buch lesend über den Hof schritt. Ein stiller, freundlicher muskelschwacher Junge der sechsten Klasse, der seinen Körper unsicher und nur mit großer Mühe voranbrachte. Der Lehrer hatte das Empfinden, er müsste jeden Moment zur Stelle sein, um ihn aufzufangen. Seine Geschichtsarbeiten rührten ihn jedes Mal zu Tränen. Nicht der Inhalt, seine Schrift. Die Worte standen verzittert, spinnwebenzart, sich mühsam aufrecht- und wie fremd einander haltend. Anfangs- und Endbuchstaben mit langen An- und Abstrichfäden, als hätte er Mühe zu beginnen und wäre an jedem Wortende erschöpft. Buchstabe für Buchstabe, Wort für Wort, Zeile für Zeile Spuren ersterbender Rinnsale. Der Junge schien anwesend zu sein, um an die Zerbrechlichkeit der menschlichen Existenz zu erinnern. Es war phänomenal wie er den Wagemut aufbrachte, sich mit einem aufgeschlagenen Buch in den Händen dem Überlebensgetümmel der Hofpause auszusetzen. Der leichteste Rempler musste ihm sämtliche Knochen brechen. Immerhin tobte um sie nichts weniger als die kindliche Form der künftigen Gesellschaft. Offenbar hatte er in der heutigen Sportstunde Kraft und Selbstvertrauen getankt. Für alle Kinder unerwartet, war er fast einen Meter hoch gesprungen. Mit der Hand am Kopf, als könnte er es nicht glauben, war er unter Jubel und Klatschen aller Jungen von der Matte gegangen. Ein schönes Erlebnis des Mitfühlens, das auch den Lehrer ermutigt hatte, für die Zukunft der Menschheit nicht zu schwarz zu sehen.

Helmut Strack war guter Dinge. Es war ein warmer sonniger Julitag. Und er konnte Mahnungen und Grüße mit Hinweisen auf die baldigen Ferien schmücken. Hin und wieder auf seinem Rundgang traf er an der Weitsprunggrube (auf dem Hof führten sie zugleich leichtathletische Übungen durch) Herbert Flier, einen Mathematiklehrer. Er hatte an der Turnhallenwand aus Glasbausteinen Aufsicht zu führen, die von Würfen mit Schlackesteinchen schon arg zerlöchert war. Er war nervös. Reckte und streckte seinen Hals aus seinem Hemdkragen, als strebte er aus einer beengenden Hülle. Wie gewöhnlich machte Herbert Flier sich mit ironischen Betrachtungen zum bevorstehenden Pädagogischen Rat, zu auffälligen Schülern, zum letzten Parteilehrjahr, usw. Luft. Es ließ sich unterhaltsam mit ihm plaudern. Helmut Strack aber mochte den Zynismus nicht, der sich in seinem Spott breitzumachen begann, der resignativ wirkte und leicht selbstzerstörerisch endete. Und ihn ärgerte, dass Herbert Flier das, was ihn und viele andere bedrückte, in kaum einer Versammlung vorbrachte. Sie trennten sich wieder, und schlenderten weiter zwischen den Kindern umher.

Vom Schulgebäude her sah er sich Ella Pfahlbaum nähern. Parteisekretärin und Lehrerin für Staatsbürgerkunde, in den Fünfzigerjahren aus Nordrhein-Westfalen übergesiedelt. Eine brünette Frau, Ende vierzig. Sie kam selten auf ihn zu. Dass sie während ihrer kostbaren Pause auf dem Hof nach ihm suchte, war ungewöhnlich. Dass sie ihm aufmunternde Nachrichten, ein Lob beispielsweise, brachte, war noch nicht vorgekommen. Der Sommertag wirkte plötzlich stark bewölkt. Ihr forscher Schritt, ihr langes ernstes Gesicht verunsicherten ihn. Suchtrupps von Gedanken begannen auf Anraten seines schlechten Gewissens in seinem Gedächtnis zu wühlen. Sie richteten Unordnung an. Sie hätten ebenso ein Sandkorn in der Wüste suchen können.

Ihr Kommen musste in weiterem Sinn mit ihrer Deutung seiner politischen Widerspenstigkeit zusammenhängen, die sie kürzlich als 'wackligen Klassenstandpunkt' oder wie ein 'Schilfrohr im Wind' bezeichnet hatte. War er wieder einmal bei einem unzutreffenden Wort oder einem missratenen Satz ertappt worden (beispielsweise bewarben sich zu wenig Jungen meiner neunten Klasse als Berufsoffiziere), oder hatte er von der Schulleitung politisch unerwünschte, beispielsweise kirchlich engagierte Eltern ins Elternaktiv wählen lassen? Die Kinder um ihn herum interessierten ihn plötzlich nicht mehr, er vergaß sie beinahe, hatte mit sich zu tun. Dieser beklemmende, ganz auf Abwehr gerichtete Zustand machte ihn nervös, gereizt und wütend. Wo, wann hatte er angeeckt? Er fühlte sich vor Angepasstsein bereits rund und abgeschliffen wie eine polierte Glasmurmel. Dennoch gab es alle Augenblicke etwas, woran er aneckte. Dafür war er einfach zu munter und zu gesellig. Ihm fiel nichts ein, er musste Ella Pfahlbaum unvorbereitet auf sich zurollen lassen.

Der letzte größere Zwischenfall lag einige Monate zurück und geschah, kurz nach dem ein deutscher Kanzler den Friedensnobelpreis erhalten hatte. Im freigeräumten Lehrerzimmer der Schule saßen sie auf einer außerordentlichen Zusammenkunft, die Gewerkschaftsversammlung betitelt wurde und Vertreter der Patenbrigade, der Patenkompanie – einer Kompanie der Grenztruppen, der Kreisgewerkschaftsleitung, Kreisparteileitung waren anwesend. Die Atmosphäre ließ einen frösteln. Ein Leutnant sagte, er müsse seinem Herzen Luft machen, er fände es völlig unpassend und ein abgekartetes Spiel der imperialistischen Reaktion, dass Kanzler Br. den Friedensnobelpreis erhalten hätte. Erst einmal wäre der sowjetische Genosse Br. an der Reihe gewesen. Beifälliges Gemurmel. Schweigen. Er, Helmut Strack, hatte sich gemeldet und gefragt, ob der Genosse Leutnant dem Kanzler den Preis erst zugestände, träte er der Kommunistischen Partei bei.

Das Schweigen wurde eisig, und es folgten noch kühlere Tage mit Aussprachen, Versammlungen, in denen seine Haltung gerügt wurde. Die meisten Vorwürfe, da sie sich in ihren Wiederholungen ähnelten, hatte er vergessen. So viele nette Kolleginnen und Kollegen er in den Pausen auch fand, die öffentliche Meinung der Schule, soweit man sie als solche bezeichnen konnte, wagte sich nicht auf seine Seite.

Ella Pfahlbaum blieb vor ihm stehen, sah ihn mütterlich streng an und sagte: "Helmut, - wir müssen mit dir reden."

Wir. Er hatte es also mit dem geballten Genossen-Plural zu tun, dieser hatte ihm zu Ehren offenbar bereits getagt, also musste er erst kürzlich wieder schwer angeeckt sein. Ihm fiel noch immer keine Verfehlung ein.

"Mit mir reden? Worum geht's?"

"Eine Genossin Mutter hat angerufen und gesagt, du hättest den Kindern statt revolutionärer Literatur die Bibel zu lesen empfohlen." Ihre schlaffen braunen Wangen zogen ihr Gesicht besorgniserregend in die Länge.

Dieses Sandkorn, also. Er hätte seinen Suchtrupps einen Tipp geben sollen. Das Dümmste an der Situation war dieses vertrauliche Genossen-DU, mit dem sie einem dicht auf die Pelle rücken konnten. In solchen Momenten war er nicht schlagfertig. Er runzelte Ella Pfahlbaum mit seiner Stirn an, schwieg einen Moment und sagte dann wenig überzeugend brummelnd: "Empfohlen? Die Kinder sollten

sich informieren. Ich meine, es gibt die Bibel doch immer-hin. Habe ich etwas verschlafen? Ist sie verboten worden."
Er war von dem überraschend neuen Begriff 'Genossin Mutter' narkotisiert, hörte von dieser Dame zum ersten Mal. Allerdings kam sie ihm bekannt vor, musste über zwei oder drei Ecken verwandt mit der Deutschen Mutter und der Deutschen Frau sein. Er erinnerte sich an eine graue Broschüre mit störrischem Pappeinband, 'Die Deutsche Frau'. Dienerin oder Gefährtin', die vierzig Jahre zuvor seine Mutter von einer Freundin geschenkt bekommen hatte. So wusste er es von der Widmung in Sütterlin auf der ersten Seite. Und er ahnte, der Ärger war noch nicht ausgestanden.

Am ersten Ferientag sollte er in der Schule vor Direktorin und Parteisekretärin zu dem Vorwurf Stellung nehmen.
Also setzte er sich hin und suchte schreibend nach Worten, um sich für eine Verfehlung zu rechtfertigen, die keine war. Ebenso hätte er sich dafür entschuldigen kön-nen, die Worte Ostern, Weihnachten oder Kirchturm er-wähnt zu haben. Es gab kein Wort, dessen er sich hätte schämen oder das er aus seinem Wortschatz hätte strei-chen müssen. Eben so wenig aber kannte er kein Gesetz in diesem Staat, auf das er sich berufen konnte. Es folgten Tage voller Kopfschmerzen und schlaflose Nächte, in de-nen Strack darüber grübelte, wie er bei der Vorladung strategisch und taktisch vorgehen sollte. Denn fest stand für ihn, er würde nichts zurücknehmen, was nicht zurück-zunehmen war. Er vernachlässigte seine Familie, war ge-reizt, fühlte sich krank, und die Zettel auf seinem Schreib-tisch häuften sich. Mit Hinweisen und Ratschlägen wie: Erst Vorwürfe anhören, dann deutlich Unmut zeigen. O-der: Eigene Meinung in einer These formulieren, die nicht zu widerlegen ist. Dabei fiel ihm auf, dass er von eigener Meinung, statt von meiner Meinung sprach, oder einfach

sagte, was er meinte, dass er von einer freien Meinung weit entfernt war.

An jenem ersten Ferientag war bestes Sommerwetter. Seine Frau fuhr mit beiden Kindern mit Bus und S-Bahn in den Garten, er mit Kopfbrummen, Magendrücken und einem Bündel Stichwortzettel mit dem Fahrrad in die Schule. An dieser Stelle ließe sich eine neue Geschichte erzählen oder etwas dramatischer: eine Drei-Personen-Komödie als Einakter. Wie er da im Kabuff von Luise Stellmacher, Volkskammerabgeordnete und 'Verdiente Lehrerin des Volkes', mit ihr und Ella Pfahlbaum zusammensaß, lässt sich in der zeitlichen Entfernung nur mit Gelächter erfassen. Dazu müsste er noch einflechten, wie er ein Jahr zuvor während der Frühjahrsferien mit seiner zehnten Klasse von einer einwöchigen Abschlussfahrt nach Thüringen durch ein Telegramm von Frau Stellmacher aufgefordert, die Fahrt nach drei Tagen abgebrochen hatte, um ... unverzüglich nach Berlin zurückzukehren, um pünktlich am anderen Tag mit Ihrer Klasse in Karlshorst an der Protokollstrecke mit Winkelementen dem Genossen Br. zuzuwinken, der aus Moskau zu einem Staatsbesuch eintrifft.

Den halben dritten Tag war er, statt mit der Klasse zu wandern, mit dem Bus im Kreis Eisenach herumgefahren, hatte sich nach günstigen Zugverbindungen informiert, die Gruppenfahrt umgebucht, den Bus abbestellt, einen neuen engagiert, der sie von der Jugendherberge abholen sollte, dem Telegramm in einer Rückantwort halbherzig widersprochen und musste, obwohl selbst vor Zorn überkochend, den Unmut der Jugendlichen beschwichtigen.

Sie saßen zu dritt an einem tellergroßen Tischchen. Helmut Strack war genötigt, seine Zettel auf den Knien halten. Eine beklemmende Situation. Frostige Stimmung. Doch er schwitzte. Es roch unerträglich nach Parfüm und Deodorant. Ella Pfahlbaum trug ihren Vorwurf zum x-ten Mal vor. Luise Stellmacher saß stocksteif daneben, nickte und betrachtete ihren Kollegen mit gespitztem Mund. Helmut Strack sagte trockenen Mundes etwas von 'Bibel als kulturhistorisches Erbe', jahrhundertelang meistgelesenes Buch, das die Herausbildung der deutschen Sprache und des Nationalbewusstseins befördert hätte. Luise Stellmacher konterte mit Hinweise auf den Lehrplan, den er einzuhalten hätte. Ella Pfahlbaum gab zu bedenken, der Vorwurf gegen ihn käme für sie nicht überraschend, und bei festerem Klassenstandpunkt wäre ihm diese für den Ruf der Schule abträgliche Situation nicht entstanden.

Helmut Strack nannte daraufhin Seitenzahlen und Themen im Lehrbuch und im Lehrplan und wies darauf hin, dass die Verfasser sich offenbar bestens mit der Bibel ausgekannt haben mussten, und fragte, ob deren Text eventuell neuerdings zum Herrschaftswissen gehöre.

Die Karre war festgefahren, besser gesagt, sie besaß von Anfang an keine Räder. Er hätte den beiden die gesammelte menschliche Erfahrung auf den Tisch stapeln können. Die Karre hätte sich keinen Millimeter bewegt.

Da er keine Reue zeigte, spitzte sich die Lage zu.

Sie wollten ihn unbedingt kleinkriegen, auf Knien sehen. Luise Stellmacher wurde nun dienstlich, begann in seinem Sündenregister zu blättern. Er hätte der Schule schon des Öfteren übel mitgespielt, damals mit seinem Einwurf zum Friedensnobelpreis; er hätte gemuckst, als er vorzeitig von der Klassenfahrt zurückkehren sollte, um dem Genossen Br. zuzujubeln ("Ja, da gucken Sie. Das war mir zugetragen worden"). Auch gäbe es, was nun kaum noch verwunderte, die wenig straffe Leitung seiner Klasse zu bemängeln. Beispielsweise, er erinnere sich ja wohl noch gut daran, dass sein Klassenbuch verschwunden und ramponiert mit fehlenden Seiten, nun ja, nicht die seiner Fächer, auf dem Jungenklo aufgetaucht war ... Um es auf den Punkt zu bringen, er sollte zum neuen Schuljahr seine parteiliche Haltung überprüfen und mit der strafferen Leitung seiner Klasse unter Beweis stellen.

So kam es, dass Strack ein Jahr nach diesem Gespräch, dem ähnliche Gespräche folgten, den Lehrerberuf aufgab und anfing, sich in anderer Tätigkeit zu vergewissern, dass das Trinkgeschirr in seinem Schrank noch vollständig war und ihm ja keine Tasse abhandenkam.

(Veröffentlicht in 'East Side Stories', Holzheimer Verlag, Hamburg, 2006)

Das Forellenquintett

Die Möbelträger wollten am frühen Nachmittag kommen. Ich fuhr zu Manfreds Wohnung in die Bornholmer Straße. Er hatte mich gebeten, ihm beim Packen von Kisten und Kartons zu helfen. Auf mein Klingeln ließ er mich ein. Er wirkte kleiner als sonst, gebeugt, aber drahtig, federnd, als wäre er zu sehr in Eile, um sich aufzurichten. Er vergaß, mir die Hand zu geben, wischte sich wie abwesend, eine spitze Haarsträhne aus der Stirn und hockte sich geschäftig ins Wohnzimmer zwischen eine große Anzahl starker Pappkartons. Ich hockte mich dazu, und wir beschrifteten Paketanhänger mit der Aufschrift des Durchgangslagers für Aussiedler und Ausreisende in Berlin-Marienfelde.

Seine Frau und die beiden Kinder waren nicht anwesend. Die letzten Tage bis zur Ausreise wohnten alle vier bei seiner Mutter in deren Ein-Raum-Wohnung in der Greifswalder Straße.

An der Längswand auf den blanken braunen Dielenbrettern stand das riesige eichene Buffet und das weiße Klavier auf Messingrollen. Doppelbettcouch, Bücherregal und weiße Schrankwand hatten sie an Kollegen aus dem Buchhandel und über Annoncen bereits verkauft. Auch die anderen beiden Zimmer und die große Küche waren ausgeräumt, bis auf wenige Stücke. Ein Kühlschrank Marke "Kristall", den ein Käufer am Abend holen wollte; ein weißer Küchenschrank mit hängendem Zwiebelmustergeschirr von seiner Großmutter, zwei alte Lehnstühle, eine defekte Holzleiter, einige ausgediente Kochtöpfe und ein wenig Geschirr für den Imbiss während der Aus- und Aufräumarbeiten.

Manfred wirkte erschöpft. Seine Jochbeine traten hervor, die Nase schien spitzer als sonst und seine bräunliche Haut gelb. Die Anspannungen von dreieinhalb Jahren Wartezeit lagen hinter ihm und seiner Familie. Die ersten

Wochen damals mit dem gewollt auffällig geparkten dunkelblauen Lada vor dem Haus, in dem zwei, manchmal drei junge Männer vom Staatssicherheitsdienst vier, fünf Stunden ihrer Zeit absaßen. Die häufigen Vorladungen in den Rat des Stadtbezirks, Abteilung Inneres, die hinhaltenden, nichtssagenden Gespräche dort, die stereotypen Fragen eines Mitarbeiters vom Zettel gelesen. Die Befragungen auch seines achtjährigen Sohnes (immerhin in ihrer Gegenwart), was er von den Ausreiseplänen seiner Eltern halte? Ob er nicht lieber in der 'Sicherheit unseres sozialistischen Staates' bleiben wolle? Die vielen aufklärenden Worte, die Sabine und Manfred mit dem Jungen sprachen, damit er diesen Ausfragungen und Beeinflussungen (auch durch Lehrerinnen und Lehrer in der Schule) gewachsen war. Die unzähligen schriftlichen Eingaben an die dunkle Anonymität unterschiedlicher Behörden, die gleichförmigen Antworten mit fadenscheinigen Gründen der Ablehnung. Die ständige Furcht vor einer Inhaftierung; die immer wiederkehrenden Zweifel an der Richtigkeit ihres Schrittes, und die Ungewissheit, wie es weitergehen würde 'auf der anderen Seite'.

Nach der Beschriftung der Paketanhänger verbrachten wir beide drei Stunden damit, mit einer derben Hanfschnur die Kartons zu verschnüren. Sie waren mit einer Aufschrift der Deutschen Bundesbahn versehen, die eine Belastbarkeit bis zu siebzig Kilogramm garantierte. Mit den restlichen Möbeln sollten die Kartons in den westlichen Teil der Stadt gefahren werden. Dort sollten sie solange 'auf Speicher' verbleiben, bis Manfred und seine Familie aus dem Lager in eine Wohnung zogen, die Verwandte bereits für sie besorgt hatten.

Bei jedem Schurren der Kartons hallte das Zimmer wider vor Leere, und unsere Stimmen verbreiteten die wehmütige Atmosphäre von Erinnerung. Vor Trauer konnte ich bloß witzeln. Wir witzelten beide, scherzten, lachten über jede Kleinigkeit, als garantierte die geografische Nähe, in der wir verbleiben würden, auch weiterhin menschliche Nähe. Mit ohnmächtigem leisen Zorn bemerkte ich, wie sehr ich mir angewöhnt hatte, meine wahren Empfindungen, die Wahrheit also, durch Witzeln, Lächeln, durch aufgesetzten Optimismus zu überspielen, zu verschweigen. Um nicht resigniert, sprachlos zu sein, hörte ich nicht auf, zu witzeln. Gegen meine Gewohnheit, herausgebildet in drei Jahrzehnten dieser endlosen Trennungen, dieser Teilung des Landes, der Stadt, der Familien, die so unaufhebbar zu sein schienen, selbst dann, wenn ich die Wahrheit, Wahrheit, die Trauer, Trauer nannte, kam ich nicht an. Diese unfassbare Wahrheit beispielsweise, dass Manfred nur ans Ende dieser Straße ziehen, und doch unerreichbar für uns sein würde; und dass dies möglich war, heute, noch immer.

Im Frühjahr vor vier Jahren hatte ich Manfred in der Redaktion der Zeitung einer der sogenannten Blockparteien besucht. Vom Rundfunk war er Tage zuvor dorthin gewechselt und hatte die Leitung der Redaktion Außenpolitik übernommen. Er steckte voller Kraft und Ideen, das heißt, unverbesserlich voller Illusionen und hoffte, bei der Zeitung weniger bevormundet journalistisch arbeiten zu können. In meiner Naivität hatte ich mir ausgemalt, ihn kraftstrotzend und sprudelnd von Einfällen wieder zu treffen. Das Haus dieser Zeitung stand in der Nähe der Friedrichstraße an einer belebten Kreuzung. Ein Gebäude aus der Jugendstilzeit. Gelbe Fassade. Innen breite gewundene Treppe mit Messinggeländer und Marmorstufen. Das Haus ermunterte meine Fantasie zu der Hoffnung, wir wären dabei, endlich an die guten Traditionen früherer Epochen anzuknüpfen. Schon beim Eintritt hörte man das Ticken eines Fernschreibers.

Manfred traf ich in der ersten Etage allein in einem weiten hohen Raum mit gelbbraunen kahlen Wänden. Er saß an einem winzigen Tisch vor einer Schreibmaschine mit eingespanntem Bogen. Hinter ihm zwei hohe verstaubte Fenster, durch die man auf die unverputzte Hauswand eines Hinterhofes sah. Wir hatten uns seit seinem Wechsel zur Zeitung nicht gesehen, und ich trat mit der Lebhaftigkeit ein, mit der wir uns sonst begrüßten. Doch er blickte grußlos auf und lächelte kläglich. Keine Silbe der Überraschung, kein heiteres Wort. Ich erschrak. Er sah unglücklich und krank aus. Um seinen Augen lagen Schatten, und sein Blick schien ins Leere zu gehen, als müsste er sich auf etwas in ihm besinnen. Ich gab ihm die Hand, suchte mein Erschrecken zu verbergen und setzte mich in einen Schalensessel vor ihm. Ich berichtete einige Neuigkeiten aus meinem Alltag, und er bemühte sich zu lächeln, doch sein Gesicht wirkte hilflos und ängstlich. Ich kannte ihn gut genug, um dies zu erkennen; und soweit kannte ich auch mich: sein Gesicht drückte die Furcht davor aus, im vollen Bewusstsein seiner Kraft abzusterben. Draußen, in der Flurnische indessen, ratterte in unbekümmerter Stetigkeit der Fernschreiber. Soweit ich mich entsinne, war am Tag zuvor ein italienischer Außenminister zum fünften oder sechsten Mal entweder zum Regierungschef gewählt worden oder zurückgetreten, und Manfred sollte dazu den Leitartikel schreiben. Er besaß meines Erachtens eine originelle Auffassung dazu. Sie verwies nicht ohne Ironie auf den Kontrast zwischen der Fluktuation in der italienischen und in der unseren, offenbar auf Lebenszeit postierten Exekutive. Seine Leitartikelgedanken fragten indirekt nach dem Zusammenhang von rechtzeitigem Wechsel der Regierung und Erneuerung der Gesellschaft. Selbstverständlich wusste auch er, dass er nicht schreiben durfte, wie er dachte. Die 'Empfehlungen' der Presseabteilung des Ministerrates hatte ihn der Chefredakteur mündlich wissen lassen. Beiläufig, auf dem Weg in die Kantine. Routineinformation. Die Zensur bestand vor allem im stillschweigenden Wissen unter den Journalisten, die eigene Meinung aus Texten herauszulassen. Richtgedanken zum Vermeiden eigenen Denkens; Empfehlungen zur Selbstzensur, über die nicht mehr lamentiert wurde. Seit Langem nicht mehr. Jahrzehnte zermürbender Arbeit und Anpassung hatten das ihre geleistet. Manfred hartnäckig und in der Leitung einer Redaktion unerfahren, wollte seine Meinung dennoch schreiben. Um gleichzeitig den üblichen, den 'empfohlenen' Weg zumindest im Auge zu behalten, hatte er neben der Schreibmaschine wie einen Wegweiser die Tageszeitung 'Neues Deutschland' zu liegen, das Zentralorgan DER PARTEI mit der führenden, also auch der empfehlenden Rolle. In gedanklichen Kletterkünsten versuchte er nun, auf eigenen wie auf ausgetretenen Wegen zu gehen. Er strengte sich wahrlich an, die Aussage aus dem ND-Leitartikel (des Vortages) herauszufiltern, umzuformulieren und zusammen mit seiner Auffassung in seinen Leitartikel zu entlassen. Es wollte ihm nicht gelingen. Ich rückte näher an den Schreibtisch, und wir formulierten und fabulierten nun beide und einigten uns auf einen Text, der sich von dem vorgegebenen nur darin unterschied, dass er kürzer war.

Wenige Wochen nach meinem Besuch bei ihm in der Redaktion stellte er für sich und seine Familie einen 'Antrag zur Entlassung aus der Staatsbürgerschaft der DDR'. Er fühlte sich, wie er mir mehrmals in jenen sechs Wochen gestand, die er bei der Zeitung durchhielt, 'erniedrigt und wie durchgekaut'.

Dreieinhalb Jahre später, im Oktober, erhielt seine Familie die Erlaubnis zur Ausreise. Im September war seine Tochter Jenny geboren worden. Am elften November, kein

Karnevalsscherz, mussten sie ihre Wohnung aufgelöst haben und bis um Mitternacht ausgereist sein.

Vom Verschnüren und Verknoten der Kartons waren unsere Handflächen wund und voller Blasen. Mühsam fädelten wir noch Schnürchen durch die Paketanhänger und banden sie an die Kartons. Dann wärmten wir uns in der Küche auf dem Gasherd Würstchen in einem der zurückgelassenen Töpfe. Im Zimmer setzten wir uns auf Kartons und aßen. Anschließend brühten wir uns Kaffee und warteten im Zimmer auf die Möbelträger.

Es war ein sanfter Novembertag. Durch die gardinenfreien hohen Erkerfenster schien das milde Licht der Herbstsonne und beleuchtete die Stuckrosetten an der Lampenaufhängung. Die Straßenbahn rumpelte auf dem Mittelstreifen, vorüber an den kränkelnden, jetzt herbstgelben Linden. Manfred würde neun Querstraßen entfernt wohnen, doch jenseits der Brücke, jenseits der Mauer. Wir kannten uns seit fast zwanzig Jahren. Wann würden wir uns wiedersehen? Wir schwiegen.

"Setz dich ans Klavier", bat ich ihn. Er rückte einen Karton vor das Klavier, stellte ihn hochkant und setzte sich drauf. "Heidewitzka, Herr Kapitän ...", sang er mit angestrengter Fröhlichkeit und drehte sich lachend zu mir. Er wollte an unsere vielen gemeinsamen Erlebnisse und an die Familienfeiern erinnern. Er klappte den Deckel hoch, legte die Notenhefte, die auf der Tastatur als Polsterung lagen auf den Kasten, suchte ein Heft heraus, schlug es auf, klimperte probeweise einige Takte und sagte dann feierlich: "Das Forellenquintett."

"Gut", sagte ich, "das Forellenquintett." Er hatte es häufig gespielt. Und jedes Mal hatte ich mich darüber amüsiert, dass er mit dem Takt nicht zurechtkam. Er spielte es meistens zu schnell. Doch heute spielte er es derart getragen, dass es an behäbige Spiele von Sumpfkarpfen erinnerte.

Veröffentlicht in der Anthologie 'Annäherungen', Ein Lesebuch, Europa Forum Halle-Saale, 1993;
'East Side Stories', Holzheimer Verlag Hamburg, 2006)

Frischer Schnee, und sonst nichts

1

Nick Heyder warf seine Reisetasche in den Schnee und fluchte leise. Zwölf Tage hatte er von seinem Winterurlaub abgezwackt, um in dörflicher Abgeschiedenheit eine Erzählung über einen Freund zu schreiben, der kürzlich mit seiner Familie aus Berlin-Köpenick in den Westteil der Stadt hatte 'ausreisen' dürfen. In wenigen Wochen sollte er den Text im Verlag abliefern, sonst käme sein Erzählungsband erst ein Jahr später ins Programm, doch er kam nicht voran mit ihm.

Nun stand er auf der Straße eines Ortes, den er Minuten zuvor nicht einmal dem Namen nach gekannt hatte. Ratlos starrte er den roten Lichtern in die Dunkelheit nach. Mehrmals hatte der Zug auf freier Strecke im Schnee gehalten. Und einer dieser Haltepunkte musste Karlowitz gewesen sein. Dort wartete Henry Gorden nun vergeblich, um ihn mit dem Trabbi abzuholen. Der nächste Zug fuhr am anderen Morgen zurück.

Henry Gorden hatte sich in einem Dörfchen der uckermärkischen Landschaft eine leer stehende Wohnung gemietet, in die er sich zurückzog, so oft es seine Familie gestattete, um zu schreiben. Seit einigen Monaten schrieb er über das Leben eines Bekannten, der in den Fünfzigerjahren aus Stuttgart nach Potsdam gezogen war.

Die Gleise verloren sich als dunkler Streifen in der Ferne, die mit lichtlosen Feldern und Waldschatten entrückte. Das einzige Haus weit und breit schien das Bahnhofsgebäude zu sein, mit einer trüben Lampe über dem Eingang. Ein junger Eisenbahner trug aus dem Haus einen Eimer Asche über die Straße und schüttete sie an die Gleisböschung. Nick Heyder erkundigte sich bei ihm nach dem Weg und erfuhr, dass mehr als zwanzig Kilometer vor ihm lagen und es Taxen hier im weiten Umkreis nicht gab. Der Eisenbahner klopfte gegen den Eimer, dass es staubte, und stapfte zurück ins Haus. Als das Licht auf dem Vorplatz erlosch, griff Nick Heyder seine Reisetasche und zog über seine Unaufmerksamkeit lamentierend los.

Der Weg führte ihn an den Gleisen entlang hügelauf, hügelab, durch dunkle Waldstücke, vorüber an Feldern. Mond und Sterne verwandelten den frühen Abend in kalte transparente Dämmerung. Eine Zeit lang ärgerte sich Nick Heyder noch und wünschte seine Verträumtheit zum Teufel, wenn er an den enttäuschten Freund dachte, die verschlamperten Abendstunden, die außerdem garantierten, dass der morgige Tag ähnlich begann. Da er jedoch Ereignisse so lange in seinen Gedanken wälzte, bis sie ihm die Seite zuwandten, die ihn zuversichtlich stimmte, beförderte er den Nachtmarsch zur Winternachtwanderung und beglückwünschte sich zu diesem seltenen Erlebnis.

Den ganzen Weg über sah er in Gedanken Henry Gordons betrübtes Gesicht und marschierte rastlos in die Nacht. Er hoffte nur, den Freund noch anzutreffen, bevor dieser schlafen gegangen war, und malte sich den Überraschungsaugenblick in lebhaften Varianten aus. Sein Freund war ihm mit Veröffentlichungen weit voraus, hatte bereits Hörspiele geschrieben, Filmszenarien, mehrere Erzählbände, arbeitete freischaffend und galt als 'gestandener Autor'. Nun saß er bereits das zweite Jahr an dieser Erzählung und brachte sie nicht zu Ende.

2

Als Nick Heyder kurz vor Mitternacht im Dorf anlangte, war ein Fenster noch beleuchtet, das von Henry Gordens Wohnzimmer. Neben dem windschiefen Schuppen stand der Trabant. In dem lang gestreckten Haus aus roten Backsteinen bewohnte Gorden die äußere Wohnung. Zur Zeit des Gutshofes lebten darin Landarbeiter, nach dem

Krieg Neubauern. Bis vor wenigen Jahren unterhielt das Dorf in seiner Wohnung eine Poststelle. Die alten Leute aber starben, die jungen zogen in ökonomisch wie kulturell lebendigere Nachbardörfer, und die meisten Wohnungen standen leer. Hin und wieder mietete jemand aus der Kreisstadt einige Zimmer zur Wochenendnutzung. Die letzten ständigen Mieter dieses Hauses, ein Traktorist mit seiner Familie, würden im Sommer in die Neubausiedlung von Karlowitz ziehen.

Nick Heyder klopfte ans Fenster, das von innen mit einer Decke verhängt war. Innen schurrte ein Stuhl, dann wurde die Tür geöffnet.

"Halloo!" rief er, stellte seine Tasche ab, um Henry Gorden zu umarmen.

"Das haut mich um", sagte Henry Gorden mit seiner bärenhaften Stimme. "Du ...? Kommst doch noch? Hast den Zug verpasst?" Er sprach langsam, als müsste er sich an Nick Heyder erinnern.

"Nee, den Bahnhof", sagte Nick Heyder und ließ die erhobenen Arme sinken. Er fieberte vor Freude, seinen Freund nicht enttäuscht zu haben. Sie hatten sich seit Monaten nicht gesehen. "Entschuldige, entschuldige", sagte er, "ich wusste, du würdest warten. Aber jetzt bin ich hier."

Henry Gordon blickte lange und still über den Rand seiner Brille, als müsste er seinen Freund bereits verabschieden.

"Komm rein, alter Junge", sagte er dann freudig brummend und schlurfte voraus, mit den Schritten, die Nick Heyder an einen verträumten kleinen Jungen erinnerten. Sein Rollkragenpullover hing ihm wie ein Strickrock über die abgeschabten Jeans, die ihm einige Nummern zu weit schienen. Er nahm seine Tasche auf und folgte. "Du bist schlank geworden", sagte er.

"Dürre", verbesserte Henry Gorden.

Nick Heyder stellte Tasche und Stiefel hinter die Tür, hängte seinen Mantel an einen Haken und reckte sich. Dann setzte er sich auf das alte Sofa neben dem Kachelofen. Sein Unterhemd klebte ihm feucht am Rücken. Auf dem Büfett an der Wand stand eine Schreibmaschine mit eingespanntem Bogen. Den Stuhl davor rückte Henry Gorden zum Ofen.

"War eben dabei, Ellen meinen Jammer zu schreiben, dass du nicht gekommen bist. Aber nun wird's ein Happyend, und das kann warten bis morgen." Er goss Tee in zwei Gläser und aus einer halbgeleerten Flasche Wodka dazu. "Habe aus Kummer schon mal angefangen, als ich vom Bahnhof zurückkam ... Aber jetzt erzähle! Was war los? Ich schleppe den ganzen Tag Kohlen, damit du es warm hast in deiner Kammer, kaufe ein für die Woche, und dann stehe ich am Bahnsteig und du steigst nicht aus!"

Nick Heyder wischte Krümel von der grünen Plüschdecke, die auf dem Tisch lag, rückte eine Kerze heran in einem zerbrochenen tönernen Halter und zündete sie an. Er erzählte von der Fahrt, wie er auf einen Hinweis des Schaffners gewartet hatte, von der Wanderung. Sein Freund saß mit übergeschlagenen Beinen, stopfte sich eine Pfeife. Er zog den Rauch in langen raschen Zügen tief in sich ein, strich mit dem Daumen über sein schwarzstoppliges Kinn, während er träumend auf Heyder blickte. Und Nick Heyder empfand den traurigen Eindruck eines verzweifelten, trotzigen Menschen. Er erzählte, so heiter er konnte, und Henry Gorden lachte mitunter auf, scherzte und zog wieder hastig an seiner Pfeife.

"Und nun willst du wissen, wie es dem großen Dichter geht, was?" fragte er, als sein Freund schwieg, zeigte mit weiter lässiger Handbewegung auf sein Zimmer und wies auf den riesigen Esstisch. "Hier! Den Anfang schreibe ich zum siebenten Mal." Zwischen benutzten Teegläsern und

Tassen und gefüllten Aschenbechern lagen einige beschriebene Blätter. "An den paar Seiten sitze ich nun schon zwölf Tage. Kannst ja mal reinhören, wenn du willst. Können wir aber auch sein lassen, den Schiet", sagte er brummelnd und ließ das Blatt auf den Tisch flattern.

"Nein, nein", sagte Nick Heyder, "lies vor! Kenne ja von dem Manuskript keine Zeile."

"Na, schön", sagte Henry Gorden, nahm das Blatt und las.

Heyder betrachtete währenddessen das Zimmer. Neben dem Büfett stand ein Pappkarton voller Manuskripte in grauen Klemmmappen, die Heyder aus den Regalen von Gordens Berliner Wohnung kannte. In der Zimmerecke neben einer Gitarre sah er einen Gärballon mit einem Bündel Rohrkolben, deren flauschiger Samen sich über den Fußboden auszubreiten begann. Auf dem Fensterbrett in einem Bonbonglas steckte ein bleicher Strauß aus Gerstenähren, Mohnblumen und verstaubten Disteln. Türen und Stühle waren gestrichen in Pariser Blau.

Henry Gorden las schnell, wie beiläufig, als missfiel ihm, was er geschrieben hatte. Seine sorgfältige Betonung aber verriet, wie ernst es ihm um den Text und um die Meinung seines Freundes war.

Dieser erschrak, Henry Gorden so ratlos anzutreffen. Er kannte die Zusammenhänge der Erzählung nur oberflächlich, wusste bloß, dass sie beide, was den Stoff betraf, miteinander verwandt waren, dass sie beide, jeder aus seiner Sicht, ein Schicksal aus der geborstenen deutschen Wirklichkeit aufs Papier zu bringen suchten. Dennoch konnte sich Nick Heyder nicht überwinden, ein tiefschürfendes Gespräch zu beginnen. Er hatte mit Henry Gordens moralischer Hilfe gerechnet und sah ihn selbst verunsichert. Das Dilemma lag ebenso wie bei ihm darin, dass er die Erzählung um der Wahrheit willen schreiben wollte, dieser aber der zu befürchtenden Zensur wegen nicht näher kam.

Nicht, dass er die Beklemmungen hätte in Worte fassen können. Sätze, die er für richtig und notwendig, eben noch vor sich sah, verschwammen ihm gleich darauf wie Bilder im Nebel, ließen sich nicht halten, nicht formulieren. Und er hatte das Empfinden, bei vollem Bewusstsein leblos zu sein.

Henry Gordens Protagonist, aus dem Westen hergezogen, fühlte sich von der persönlichen wie gedanklichen Unfreiheit enttäuscht, Nick Heyders Hauptperson hatte jahrelang in unzähligen Berufen versucht, persönliche Freiheit zu leben, schließlich resigniert, einen 'Antrag' gestellt, um nach langen Wartejahren endlich 'ausreisen' zu dürfen.

"Was soll bei deiner Erzählung herauskommen?" fragte Nick Heyder hilflos. "Dein Kumpel läuft in die falsche Richtung. Der rennt gegen die Wand."

"Was den Ort seiner Anwesenheit betrifft", meinte Henry Gorden, "ist er hier – im Osten – auf der richtigen Seite. Auch die Wand wird sich bewegen müssen", fügte er vorsichtig hinzu.

Nick Heyder brauchte alle Aufmerksamkeit und Kraft zum Schreiben. Deshalb ließ er die Freude überwiegen, für einige Tage aus Berlin fort, der aufreibenden Enge der Schule, der Unruhe in der Familie entronnen zu sein. Er nickte zustimmend, lobte treffende Formulierungen, war darauf bedacht, seine heitere Stimmung nicht so rasch gegen Depressionen einzutauschen. Hier, gemeinsam in der winterlichen Stille würden sie die richtigen Worte finden.

Henry Gorden legte das Blatt zurück auf den Tisch. Nick Heyder nahm die Gitarre aus der Ecke und stimmte sie. Den Anfang seiner Erzählung schienen sie bereits vergessen zu haben. Noch eine Stunde saßen sie, tranken Tee mit Wodka, und Nick Heyder sang leise Volkslieder. Einige Klänge sang Henry Gorden mit, schwieg dann wieder, trank, zog an seiner Pfeife, starrte in den Qualm. Schließlich schwiegen beide, gähnten.

Wenig später begleitete Henry Gorden seinen Freund aus dem Zimmer und schloss die Tür. Er fasste ihn kurz um die Schultern und sagte knurrend: "Ich freue mich, dass du gekommen bist, alter Junge. Wir werden schreiben, dass es nur so raucht, verdammt noch mal. Wir müssten öfter Zeit haben, so zu zweit zu sein und zu schreiben."

"Ja, ich bin froh, hier zu sein", gab Nick Heyder zurück und stieg die Holztreppe zur Kammer hoch, die auf dem Boden an die ehemalige Räucherkammer grenzte. "Wir werden gut vorankommen."

Zwischen den Dachziegeln hindurch zog eisiger Wind.

3

Der Winter umschloss das Bodenzimmer wie eine ins Freie gestellte Schachtel und blies heulend Schneeluft durch einen Spalt zwischen Ofenrohr und Schornstein. Der Kachelofen wehrte sich bis zum frühen Morgen. Als er erkaltete, erwachte Nick Heyder, zitternd und zähneklappernd. Der Winter kniff ihn mal in die Schultern, mal in die Zehen, und aus dem Schuppen neben der Straße drang das erbitterte Gesangsduell pubertierender Hähne. Obwohl es noch dunkel war, misslang ihm jeder Versuch, wieder einzuschlafen. Da seine Gedanken vordringlich um Mordabsichten an krächzenden Hähnen kreisten, zog er sich schließlich an und stieg behutsam nach unten. Durch die Ritzen zwischen den Dachziegeln sprühte es ihm kalt ins Gesicht, und auf einigen Stufen lagen Schneehäufchen. Als er ins Wohnzimmer trat, um zu heizen, hockte sein Freund bereits vor dem Ofen und legte Kohlen auf. Das Zimmer roch wie eine morgendliche Kneipe.

"Bin täglich um diese Zeit auf", sagte Henry Gorden auf seine Frage. "Mir brummt der Schädel, habe bis in den Morgen hinein gelesen, weil ich nicht schlafen konnte." Nick Heyder ging in die Küche, setzte Teewasser auf den Propanherd. Dann wusch er sich. Unter dem Eiswasser erbleichten seine Fingerspitzen. Von den Bodenstufen fegte er den Schnee und dann heizte er seine Kammer. Das Feuer in den Öfen bullerte, und sie setzten sich ins Zimmer an den großen Tisch, frühstückten, hörten Nachrichten aus dem Radiorekorder, rauchten. Am Fenster zogen Stimmen vorüber. Jemand winkte. Die Traktoristenfamilie ging zur Arbeit.

Als der Morgen die Gartenbäume wie mit feinen Bleistiftstrichen an die Fensterscheiben zeichnete, zogen sich Heyder und Gorden zum Schreiben zurück. Vor den Fenstern hing ein dichter Schneeschleier. In der Bodenkammer rückte Nick Heyder den Tisch so, dass ihm der Ofen den Rücken wärmte, und er auf die leere Dorfstraße blicken konnte, wickelte die Beine in eine Decke und saß vor dem Papier in ungewohnter Stille. Doch fand er die rechten Worte nicht. Er suchte angestrengter als sonst nach ihnen. Das Anliegen seiner Erzählung wich ihm aus, verflüchtigte sich in vielerlei Bedenken. Betrübt dachte er an den Freund, der mit seiner Familie jetzt in Westberlin lebte. Er hätte diese Erzählung nicht zu schreiben begonnen. Doch bei Herbert wurde ihm zum ersten Mal die Tragweite eines solchen Weggangs schmerzlich bewusst, wie sehr sein Leben an freundschaftlichen Bindungen hing. Er kannte Herbert seit der Schulzeit als guten, aufrichtigen Menschen, der ein für Heyder zwar unvernünftiges Maß an Idealismus besaß, ohne große materielle Bedürfnisse lebte, produktiv träumte und unerschöpflich ideenreich war. Monatelang hatte er Herbert davon zu überzeugen versucht, dass persönliche Entfaltung nicht zwingend nach

Karriere verlangte. Doch zu allem war Herbert, Mitglied einer Blockpartei, ehrgeiziger Redakteur bei einer Gewerkschaftszeitung.

Als der Abteilungsleiter in Rente ging, hoffte er mit guten Aussichten, diese Leitungsaufgabe, die mit weitreichenden interessanten Arbeiten auch im Ausland verbunden war, übernehmen zu können. Es wurde jedoch ein frischgebackener Hochschulabsolvent in die neue Aufgabe eingearbeitet, der im Gegensatz zu Herbert Mitglied DER PARTEI war. Herbert ließ sich nicht trösten, fühlte sich tief enttäuscht, 'nicht mehr gefragt', statt dessen hintergangen und misstraut, in seiner beruflichen wie persönlichen Entwicklung gehemmt.

Traurigkeit empfand Heyder, die sich nicht abschütteln ließ, seit Herbert den 'Ausreiseantrag' gestellt hatte. Er versuchte sie zu bewältigen, in dem er die Jahre ihres Entstehens nachzeichnete und sein eigenes Bleiben zu rechtfertigen suchte. Dabei stieß er auf Namen weiterer Freunde und Bekannter, die in den Westen gegangen waren, und die Trauer setzte sich fort, unterschwellig, nicht ausklingend.

Er hielt es daher für dringend, sich über jede Seite dieses bedrückenden Themas zu verständigen. Er wollte seine Empfindungen nicht unterschlagen. Die Geborgenheit, die ihn sonst beflügelte, bewirkte, dass er sich so weit entfernte von der sicheren Stimmung um seine Erzählung, dass sie ihn kaum noch berührte, ihm das Thema rein theoretisch erschien. Und so schrieb er, die Sinne nach außen gerichtet. Er hörte das Pfeifen des Windes im Schornsteinspalt, den Schnee wie feinen Sand gegen die Scheiben wehen, sah die oberen kleinen Fenster des Hauses gegenüber, spürte mit Wohlbehagen die Ofenwärme. Und er schrieb mechanisch, gehörte nicht zu dieser verfänglichen Erzählung, die er sich doch entschlossen hatte, mit aller Sorgfalt zu schreiben. Von der Pflicht, die Wahrheit zu schreiben, blieb allmählich nur die Pflicht zu schreiben übrig.

Als er die Seiten durchlas, berührte ihn ihr Inhalt nicht. Lediglich seine Hand hatte geschrieben. Wo sollte er beginnen? War er dazu überhaupt geeignet? Er, der Journalist, der sich anmaßte, Erzählungen zu schreiben, der sich damit abstrampelte und seine Familie tyrannisierte. Sollte er nicht besser Landschaften beschreiben für Touristenführer? Er sehnte sich nach einer ungestörten, sicheren Arbeit. Aber durfte er so einfach aufgeben? Oder nutzte schweigendes Warten - wie der tiefe Schnee, der die Unebenheiten der Uckermark besänftigte?

Hastig wickelte er sich die Decke von den Beinen, als nähme er sich Fesseln ab, erhob sich, zerriss die Seiten und warf sie in den Ofen. Im Erdgeschoss hörte er es rumoren. Er stieg hinunter.

Henry Gorden hantierte in der Küche. Er trug wieder seine Brille. Sie verstärkten die Schatten um seine Augen.

"Habe kaum vier Zeilen geschrieben", sagte er brummend. "Hab sie satt - diese West-Ost-Geschichte. Bin zu dämlich für dieses Thema. Wir sind hier, und gut. Weshalb kümmern wir uns nicht um den Dreck im eigenen Haus?" Er brach dünne Bündel Spaghetti und warf sie in einen Topf mit brodelndem Wasser. "Gut, dass d u hier bist", sagte er dann ruhiger, "so werde ich gezwungen, Mittag zu kochen."

"Meine Ost-West-Erzählung habe ich nicht satt und komme dennoch nicht voran", sagte Nick Heyder. "Die einfachsten Worte fallen mir nicht ein, so als steckte mir ein Pfropfen auf der Seele." Er wollte gern mehr als nur in Andeutungen mit seinem Freund reden. Dieser aber schwieg. Nur selten sprach er über das, was er schrieb, wirkte ängstlich verschlossen, trennte scharf zwischen geschriebener und gelebter Realität, als wollte ihm der Alltag in sein Manuskript pfuschen.

Von seiner Erzählung wusste Heyder nur, dass dieser Bekannte lange Zeit in Potsdam als Bildjournalist gearbeitet und schließlich, enttäuscht darüber, Elan und Ehrgeiz ständig an die Kandare nehmen zu müssen, sich in ein Dorf zurückgezogen hatte, Schafe hielt und einem Jagdverein beigetreten war. Zwei- oder dreimal im Jahr las man in der Kreiszeitung Artikel von ihm zum Wildbestand.

4

Henry Gorden wollte auch am Nachmittag schreiben, um den Rückstand vom Vormittag aufzuholen. Sein Freund jedoch überredete ihn zu einer Wanderung. Sie würden sich aktiv erholen und morgen mit neuem Schwung in ihre Erzählungen steigen.

Es hatte aufgehört zu schneien. Das Dorf, ein Rundling, ruhte unter dem Weiß wie ein weiter träumender Hof. Die ehemaligen Bauerngehöfte lagen an einer Straße, die um einen, bis auf eine offene Stelle zugefrorenen und von fahlem Rohr struppig verwachsenen Löschteich führte, neben dem graue Betonstallungen für Schweine, eine romanische Wehrkirche und ein verputztes Häuschen mit großem Schaufenster, die ehemalige Konsumverkaufsstelle, standen. Im Raum hinter der Scheibe stand ein hellbrauner Sarg. Der frühere Meister der Schweinemast war gestorben. Die ehemalige Verkaufsstelle wurde jetzt als Leichenhalle genutzt. Die Straße lag weiß und glatt und ohne Spuren vor ihnen. Das Dorf besaß vier Wohnhäuser. Aus dem Schornstein des einen kräuselte grauer Rauch. An finsteren Eiben vorüber zum Friedhof trottete eine Katze und verschwand zwischen Gräbern.

In langen Schritten stapfte Henry Gorden neben seinem Freund, rauchte seine Pfeife, blickte vor sich in den Schnee wie auf ein trostlos leeres Blatt Papier. Für Augenblicke lebte er auf, erzählte von Spaziergängen mit seiner Familie in die Umgegend. Er kannte bereits die Schicksale der meisten Einwohner und der ehemaligen Bauernhöfe.

Es stank nach Salmiak. Den Weg herab von den Stallungen floss in zwei breiten dunklen Rinnsalen Gülle in den Teich, und auf der anderen Seite sammelte sie sich zu einer großen stinkenden Lache auf dem Platz vor dem ehemaligen Gutshof. Von dem aus konnte man weit in die Landschaft über Hügel und kleine Seen bis zum dunklen Streifen in der Ferne, einer eingezäunten Staatsjagd, sehen. Vor Jahren hatte die Gemeinde das Gutshaus mit seinem parkähnlichen Garten zu einem Jugendklub ausbauen wollen. Jetzt stand nur noch sein Grundgemäuer inmitten eines Schweinegeheges und verbreitete den Eindruck, die Schweine zahlten es dem Gutsbesitzer nachträglich heim.

Außer zwei Gesichtern alter Frauen hinter winzigen Fenstern war niemand zu sehen. Selbst die Gaststätte, in der sie Kaffee trinken wollten, hatte sich der Reglosigkeit ihrer Umgebung angepasst und hielt Ruhetag. Sie kehrten um. Am Hohlweg kletterte Nick Heyder auf eine Weide und schnitt Mistelzweige vom Stamm. Henry Gorden trug sie unterm Arm, die Pfeife im Mundwinkel, seine Hände in den Jackentaschen vergraben. Er vermied jedes Wort, wirkte konzentriert, versunken.

"So könnte ich wandern", sagte Nick Heyder in die Stille, "endlos. Brauchte nichts weiter als Schuhe, einen solchen Weg und meine Gedanken." Hin und wieder blieb er hinter seinem Freund zurück und notierte Stichpunkte zu Bildern, Farben und Stimmungen.

"Ja", sagte dieser, "die Uckermark ist schön. Aber was soll's. Irgendwann sitzt du wieder am Schreibtisch und bist mit dir allein."

5

Ähnlich wie der erste verlief jeder weitere Tag dieser zwei Wochen. Morgens erwachte Nick Heyder verfrüht durch Kälte und krächzende Hähne, doch stets nach seinem Freund, der bereits das Zimmer geheizt und das Frühstück bereitet hatte. Sie aßen, sahen aus dem Fenster, vor dem es meistens schneite. Henry Gorden stellte das Radio an, und dann verweilten sie in Gedanken, während sie rauchten oder Tee tranken, in den Gegenden und Problemen der großen Weltpolitik. Sie sprachen nur selten miteinander, als würde ihnen das auch nicht weiterhelfen.

Mehrmals schlug Nick Heyder vor, sie sollten, wenn sie schon nicht mit ihren Erzählungen vorankämen, von diesem Versagen schreiben und damit vielleicht die Steine aus dem Weg räumen.

Mit dieser Methode würde er sein Leben lang Steine räumen, meinte Henry Gorden. Er eigne sich nicht zum Sisyphus.

Der Elan, mit dem Nick Heyder die Tage begonnen hatte, versandete allmählich in der stillen Gleichförmigkeit. Nach dem Frühstück zog sich jeder mürrisch, fast widerwillig, in sein Schreibzimmer zurück, um sich nach einiger Zeit wieder einzufinden zum verfrühten Mittagessen. Beide hantierten sie halb brummelnd, halb schweigend. Der Eine schälte Kartoffeln, öffnete Fleischdosen, schnitt Zwiebeln, oder knackte Spaghetti, rührte in Tomatensoße (die beiden einzigen Gerichte ihres Speiseplanes), der andere wusch ab, fegte Zimmer und Flur, holte Kohlen aus dem Schuppen, räumte Schnee von den Stufen und vom Auto.

Nach dem Mittagessen, das sie mit jedem Tag früher aßen (an den letzten Tagen allerdings erst abends, da sie schon bald nach dem Frühstück aus dem Haus flohen), wanderten sie in die Umgebung. Über die Felder, in Nachbardörfer, folgten Rehspuren bis in die Schilfdickichte der Niederungen.

Und einmal blieben sie an einem dieser Teiche, schoben mit Ästen von Uferweiden den knietiefen Schnee zur Seite. Henry Gorden hackte mit dem Beil ein Loch ins dicke klare Eis, streute Haferflocken hinein und tunkte eine Angel in den Brei aus Eissplittern und Hafer. In seiner braunen Pelzjacke mit hochgeschlagenem Kragen stand er wie ein Bär und zuckte nur mit dem kurzen Glasfiberstab. Mürrisch sah er hin und wieder auf seinen Freund, der mit bewundernden Worten im Schnee herumstapfte, als wollte er den heiteren Wintertag in die Manteltaschen stopfen, um ihn mit nach Hause zu nehmen. Dann wieder trat er von einem Bein aufs andere, dass der Schnee knarrte, blickte wie abwesend ins Eisloch. Nick Heyder stapfte die wenigen Schritte zu einem Weidenstumpf ans Ufer, fegte mit der Hand den Schnee runter, setzte sich, zog sein Notizbuch aus der Tasche, lauschte dem Schnarren einer Krähe und schrieb. Henry Gorden kehrte den Rücken zur Sonne, blickte zu seinem Freund und zuckte ungeduldig mit der Angelrute. "Du machst es dir einfach. Ich kann nicht so rasch umschalten, bin wie leer. Und nachts diese idiotische Schlaflosigkeit."

"Guck dir die Landschaft an", sagte Nick Heyder lächelnd. "Sie ist da, damit wir sie bewundern. – Schade, dass ich nicht malen kann; aber schreiben ist vielleicht auch nicht übel. Dieser rosafarbene Schnee, die Sonne, das fahle Rohr, die Weiden, die auf den Frühling warten. – Verbohre dich nicht in eine Erzählung! Schreibst du sie – gut. Bringst du sie nicht fertig – auch gut, dann wartest du. Niemand mag diese traurigen Sachen lesen. Aber solch einen Tag musst du sehen, den Winter, das Land, dieses knackig kalte Leben ..."

"Entschuldige", sagte sein Freund plötzlich laut, "aber du bist im Schreiben noch ein Grünschnabel. Der blaue Himmel erhalte dir deine Naivität und deine Poesie, doch mir fällst du allmählich auf den Wecker damit." Abends schwatzten sie jetzt häufig über Kunst, über Wirkungen von Literatur, befragten sich bohrend nach persönlichen Antrieben für das Schreiben, als wollten sie beim anderen nach Ursachen forschen für eigene Wortlosigkeit.

Seit sie sich häufiger außerhalb des Hauses blicken ließen, besuchte sie zuweilen nachmittags Fred, der Traktorist, ein kräftiger blonder Mann mit ständig entzündeten Augen. Sie hatten eben ihre Jacken an die Flurgarderobe gehängt, die Schuhe mit Zeitungspapier ausgestopft darunter gestellt und traten auf Socken ins Zimmer, da pochte es ans Fenster. Das Gesicht des Traktoristen. Er winkte. "Wir kommen", rief Henry Gorden. Sie setzten sich in die Küche, aßen rasch einige Schmalzstullen, dann griffen sie sich einen halb vollen Kasten Bier und gingen nach nebenan.

Im Wohnzimmer ihres Nachbarn nahmen sie auf einem hochlehnigen antiquarem Sofa neben einem grünen Kachelofen Platz. Fred trug eine Flasche Klaren und auf einem fleckigen versilberten Tablett Schnapsgläser zum Couchtischchen, goss jedem ein und setzte sich ihnen gegenüber in einem Ohrensessel. "Du auch?" fragte er seine Frau, die eine Glasschale mit Salzstangen auf dem Tischchen platzierte. Diese verzog angeekelt den Mund und schüttelte sich und setzte sich in einen Sessel zu ihnen. Groß, breitschultrig, mit blondem welligen Haar und blauen lebhaften Augen. Sie erzählten von der Schneewanderung, vom Leben in Berlin. Fred von Problemen der Feldbestellung, wie ihm in den warmen Monaten der Ackerstaub zusetzte, von seinen Überstunden auf dem Traktor, die sich zu 'Überwochen' häuften, von seinem Magenleiden. Seine Frau von ihrer Arbeit in der Schweinemast, von den Umzugsplänen ihrer Familie.

Gegen Mitternacht hatten sie Bier und Korn verkonsumiert und sich (zum Thema Landwirtschaft) in Fahrt geredet. Nick Heyder schien es, er hätte den Faden zu seiner Erzählung wiedergefunden. Eine Idee, die dem Ganzen ein Rückgrat gab, einen nicht zu bestreitenden Mittelpunkt. Dies war es, was die Menschen in den Westen zog: Drüben durften sie suchen, von den zahllosen Möglichkeiten, jene wählen, die ihnen zusagte. Hier war bereits das Suchen verdächtig. Er fühlte sich durch das Biertrinken ungewohnt schwerelos und wollte rasch seinen Gedanken aussprechen, um ihn nicht zu vergessen. Da warf die Frau des Traktoristen gähnend ein, das Thema sollten sie an einem anderen Tag fortsetzen. Sie müsse um halb vier in die Anlage zur Ferkelaufzucht und deshalb jetzt dringend zu Bett.

"Enschuljung", sagte Henry Gorden und erhob sich unsicher, "da sehn Se mal, wie beknackt wir Schreiber sind, quatsch'n, quatsch'n un vergess'n, dass an'e Leute erns'haft arbeit'n müssn. - O – o – meine Zunge will nich so, wie ich es will. - Die Ilsebill, die Ilsebill..."

"Na, mit Euch beiden möchte ich nicht tauschen", entgegnete die Frau und lachte schallend. "Nee", meinte ihr Mann, "ich auch nicht. - Ist doch nichts Handfestes."

In Gordens Zimmer standen sie eine Zeit lang wie benommen am Fenster und schwiegen. "Seine rot'n ewig entzün'ten Au'n", ließ sich Henry Gorden schließlich hören. "A'er mit uns tauschen? Nee. - Ich wagte nich, ihm von unse'm Luxusjammer su asehl'n. - A'er Fred möcht'avon hör'n."

"Klar", sagte Nick Heyder, "auch er hat'ie Mauer satt." Er zog die Schulter hoch und drückte sich in die Sofaecke. "'s's kalt jewor'n." Henry Gorden schlurfte zum Ofen und befühlte ihn. "Nu' noch lau. Hab'a'er kei'e Lust, ihn jetz noch su – äh - heizen." Er rülpste. "Tschuljung. - Wir wärm' uns von inn'. Was meinste, alter Freund?" "Gu'Idee", sagte Nick Heyder lustlos. Alkohol war ihm gleichgültig. Er versprach sich nicht viel von seinem benebelten Bewusstsein. Doch fühlte er sich schon zu müde, um abwehrende Gedanken fassen zu können.

Henry Gorden trottete in die Küche, setzte den Teekessel auf den Herd, trug zwei Gläser, Löffel und eine Dose Zucker zum Tisch, ging zurück und brachte eine gewaltige gelbe Steingutkanne, die er in die Tischmitte stellte. Dann griff er in die Lücke zwischen Schrank und Wand, zog eine Flasche Wodka hervor, schraubte sie auf und platzierte sie derb neben die Teekanne. "Hab' ich noch'n gefährlich'n Mengen", sagte er grienend, seine Augen mit Mühe offenhaltend. Er goss die Gläser halb voll Tee und füllte sein Glas mit Wodka auf. Nick Heyder tat es ihm gleich. Ob heute, morgen, übermorgen. Was änderte es an der deutschen Situation, wenn er sein Manuskript pünktlich abgab. Und vielleicht löste der Wodka seine Schreibverkrampfungen. Sie stießen kurz und wortlos an und tranken. Der heiße Tee brannte auf doppelte Weise im Hals – kurz und schmerzend und rann brennend bis hinunter zum Magen, wie es schien.

"Ich tret' auf der Stelle. Seit Woch'n. Seit Mon't'n!" versuchte Henry Gorden zu wettern und zündete sich umständlich seine Pfeife an. "Kannstu 'ir 'as vorste'n. Seit Mon-ten! - An're schrei'm in'er Sseit ein' Roman, un ich krieg die eine Er-ssehlung nich hin. - Prost, al'er Freund!" Sie hoben die Gläser, stießen an.

"Prost, Hen'y! - Las'sie lie'n un schreib was an'res", sagte Nick Heyder, "schmeiß sie weg!"

"Kann'ich. Ich kan'ich eher was an'es schreim, eh'ich diese verdammte Geschichte ab'earbeitet hab'. - Vielleicht issie verfrüht, oder hoffnungslos verspät', oa'ich bin zu dicht'ran, weila mein Freund war."

"Ge-nau! Geht mir ehn'ich", meinte Nick Heyder. "Wir'klich ehnich. Oa-uns fehlt der Mut. Wia red'n su selt'n üa'unsa Ein- Eineschloss'nsein und unsa Wegwolln." Er sah seinen Freund jetzt doppelt, auch die Stehlampe und lächelte über seine Entdeckung. Denn seine Gedanken schienen klar und schneidend rasch zu arbeiten. "Ich denke, dein Kumpel wa'für 'iesn Staat nich 'ebaut. Er wa bloß the'retisch vor'be'itet. Glaubte, die Ge'echtichkeit in Reinku'tur vorsufinn. Drü-üm konnte ihnichs enttäusch'n. - Vielleicht wa'r su une'duldig, kam desha'b rüb'a. - Hast'n Tee vergess'n in'n Wodka?"

"Weshalb Tee?" meinte Henry Gorden, "den kannste nachtrink'n. - Er liebte die's verdammte Stück Westland, wie doch im Grunde jea – sein Land liebt, in'ema auf'ewachs'n is. Oa nich? - Er müsst'seine Geschichte selbst schreim. Ich soll- sollte was an'res mach'n, - wieder Kin'ahörspiele. - Mut? Ich weiß nich."

Einerseits hatten beide große Mühe, sich klar zu artikulieren, andererseits konnten sie die Worte des anderen immer schwerer enträtseln.

"Du sollt'st'ich nich um'itläufer kümman, son'an um Kri'-Krit'ker dies' Staats", sagte Nick Heyder, "da wür'ste keen Ende fin' mit'm Schreim. - Außa'em: Spwich bw-witte deu- deut-scher!".

Henry Gorden blickte eindringlich auf seinen Freund, als suchte er ihn im Nebel. "Was'eist: deut-scher? - Die Gewöh'ung an meine Passi- passi-itet is'es, die mich bremst. Nichs an'es. - Desha'b gab'a auf? Da kommt'a aus'm ein' deutsch'n Staat in'an'an, den er für'n eig'ntlich neu'n'ält. Un'ach eini'n Jah'n is'a'schöpft. - Un t u - sollt'st'ich nich mit Ausreißan befassn, son'ern mit Mensch'n im Land'. Kommst her und freust'ich üba Schnee."

"Du täusch't'ich", sagte Nick Heyder betroffen. "Mia'eht's ja ähn'ich wie dir. So w'ich anfange, bin ich müde. - Ich kann'ir sa'n, wes'alt dein Held frus- frustiert is, wei'a nich drüm jebliem is. Die Jese'schaft im West'n is unfertig, voller Män'el und Un'erechtigkeit'n – aaa'er – sie is eine suchende Jese'schaft."

"Suchend? - Nach Geld – gie'and! – rü'ichslos! – e'oistisch!"

"Un hier?" fragte Nick Heyder. "Hier hat man'n Stein der Weis'n jefun'n und dran'saliert jed'n, der sucht. Schon, wenn de ne Bwrille uffsetzt, wirste va'ftet.- Du weißt'is, weigast'ich a-a'es zu at-zek-tier'n, un kannst desha'b nich drüber schreim. O'a siehste sich hier 'was entwick'n, auß'einer alljemein' Lähmung? Was willst'e auch mit ein'esperrt'n Leuten begin'n?"

"Ein'esperrt, ein'esperrt. - Hör'och uff mipp'm Schiet!" sagte Henry Gorden brummelnd.

"Un soll ich'ir noch wasa'n", setzte Nick Heyder nach.

"Nee,'ee! Sollste nich!"

"Keen Vo'urf, son'an Monolog. Mir is das em klar jewor'n: Da sich bei- beide Seit'n Deutsch'and nen'n, kön'n se sich dreh'n un wend'n, wie sie woll'n, sie sind geswung'n, sich su nä- nä- 'an."

Henry Gorden bemühte sich, seinem Freund in die Augen zu schauen, konnte sein Gesicht aber nur schemenhaft erkennen. "E' die sich ne'an, drift'n die Kontinente an'nanda."

"Tja, da'is wenich Bewejung su'aken'n. Deshalb bewegt sich mein Freund. - Lass'och dein' Papierkamead'n ooch wiea rübajeh'n."

"Al'er Freund, die D-, die E-EA is fü'ihn eine Al'tern'tive gewes'n, eine Schanz'."

"We-a is wat?"

"Die De-E-A!"

"Aha. - Ja, gewes'n", meinte Nick Heyder, "für'n Aun'blick. - Mein Kumpel schick'ich je'nfalls rüwer."

"Un meiner bleib'tim Land."

"Ha! Im Land bleim beide."

"Rede nich so spitzfinig! Hia bleibta, basta!"

"Dia bleibt ooch keen'aner Weg", sagte Nick Heyder. Er glaubte, die logischen Schritte hin zur deutschen Einheit greifbar nah zu sehen, und wollte sie seinem Freund auch nahebringen. "Drü'm müsst dein Kumpel ja'klär'n, weshalb'a'm Ost'n jescheitert is, un dassa uff Ill'usion'n jebaut hatt'. Seine Leute im West'n könnt'n sich brüst'n mit 'ihr'n' westlichen Wert'n."

"Nick, al's Haus, soll'ch di'a was sa'n: Du b-wist b-wesoff'n. Dein Kumpel bwr-icht hie'alle Bwr-ücken ab un geht in' West'n", versuchte Henry Gordon ein letztes Argument. "Ea is sich sicha. - A-er bw-istu auch s'sicher, so - so ganz ohne Sweifel? Du'musstoch akenn', dass'is ina hoch'elobten west-sichen Frei'eit auch Nöt'und Ängste gibt."

"Di jeör'n zum Le'm."

"Ach'tu klein's Füllosöfchen."

"Na'ich lass mein' Kumpel nach drüm jeh'n. Hia fühlta sich' wie'n Beton jejoss'n o-a wie vaeist. Drüm daf asich bewej'n, wirta sich bewj'n – müss'n."

"Kanns-t'ich nich mal klara aus-rücken!" meinte Henry Gorden, der keine Silbe mehr verstand, ungeduldig.

"Richtich! Jenau! Des'alb- lass'ich'ihn rübajeh'n", meinte Nick Heyder.

In den nächsten Tagen fanden beide weder die Kraft zum Schreiben, noch zu einem Gespräch. Als wäre in dieser langen Nacht das Wesentliche gesagt worden, worüber sie eigentlich schreiben wollten. Beide fühlten sich sehr allein und lauerten immer häufiger auf eine Ablenkung. Entweder versuchten sie zu lesen, oder Henry Gorden stand plötzlich auf, zog seine gefütterte Lederjacke an, schlüpfte in die Stiefel und fand es dringend, den Weg vom Haus zur Straße vom Schnee freizuschaufeln.

6

Heyders Zug fuhr am Nachmittag. Gleich nach dem Frühstück wanderten sie noch einmal zum Dorf hinaus, stapften durch die Niederungen mit den kleinen Seen, über Äcker mit Wintersaat und aßen mittags im Restaurant eines Nachbardorfes.

Auf dem Rückweg führte Henry Gorden seinen Freund über einen Hügel. "Jetzt werde ich dir mal was zeigen", sagte er und hielt ihn am Ärmel fest. "Ist das nicht eine wunderbare Landschaft?" Er stolperte in eine Furche, stürzte in den Schnee, lachte darüber. "Wie aus einem tieffliegenden Hubschrauber, was?"

Heyder nickte, war jedoch verwundert über die Schwärmerei seines Freundes. Henry Gorden klopfte sich zerstreut den Schnee von Hose und Jacke. Er schien sich mit den Blicken festgesaugt zu haben an dem idyllischen Winterbild. Dann stocherte er mit dem Pfeifenmundstück in der klaren kalten Luft umher, nannte Namen von Seen, Hügeln und Dörfern, die zum Greifen nahe schienen. "Hier kann ich angeln, wandern oder Ski laufen, brauche weder nach Thüringen noch in die Alpen. Eine reizvolle, widersprüchliche Landschaft. Ganz meinem Charakter entsprechend. - Hier könnte ich wandern und schreiben." Versonnen blickte er am Horizont entlang, als suchte er einen günstigen Startplatz.

Sie schwiegen. Henry Gorden sah träumend hinaus über die Hügel in den gleißenden Schnee. "An der Erzählung schreibe ich vorläufig nicht weiter", sagte er plötzlich sicher. "Keinen Strich! Die kann schmoren. Das hier möchte ich beschreiben. Da bin ich mittendrin. Hier fühle ich mich weder bedrückt noch resigniert oder gehemmt. Skizzen werde ich schreiben, Wanderskizzen."

"Rehe", sagte Nick Heyder, "erstaunlich viele Rehe gibt es hier. Doch offenbar wenig Hasen."

"Kinderbücher zum Beispiel", sagte Henry Gorden. Er dachte an seine beiden Jungen und an die Katze, und was sie im Dorf so alles bestaunen würden. "Weiß sogar schon einen Titel. – Gib doch mal einen Zettel!"

"Wie bitte?" fragte sein Freund.

"Ferien eines Stadtkaters oder so", sagte Henry Gorden.

7

Am Nachmittag verstauten sie Heyders Reisetasche im Trabant und fuhren Richtung Karlowitz. Auf halber Strecke mussten sie anhalten. Über Nacht hatte der Wind den Schnee von den Feldern meterhoch in eine weite Kurve geweht. Nick Heyder musste zu Fuß weiter.

"Der Schneepflug wird bald anrücken", sagte sein Freund fast fröhlich, "denn der Wagen mit dem Schweinefutter muss ins Dorf. Siehst du, der Schweine wegen bin ich nie abgeschnitten von der Außenwelt." Er lächelte, rieb sich das glatte weiße Kinn. Am Morgen hatte er sich rasiert, das erste Mal seit Wochen. "Grüße Berlin und schreib deine Skizzen. Den Zug erreichst du noch bequem, brauchst dich nicht zu überschlagen. Aber eines wurmt mich: Weshalb lassen wir uns durch das bisschen Winter von der Arbeit abhalten?"

Er stieg in den Wagen, fuhr rückwärts aus dem Schnee und wendete. Dann öffnete er noch einmal die Wagentür und rief: "Die Erzählung bringe ich zu Ende, verdammt noch mal! Ich werde sie schreiben! - Nur der Titel fehlt mir noch."

"Wie wär's damit?" rief Nick Heyder lächelnd und winkte matt zurück: "Frischer Schnee, und sonst nichts."

(Veröffentlicht in 'Lied der Grasmücke', Verlag Neues Leben, Berlin, 1987; in 'East Side Stories', Holzheimer Verlag, Hamburg, 2006)

Du hoffst, und ich gehe

1

Paul lehnte, den sterbenden Kater auf dem Arm haltend, im Halbdunkel des Schuppens zwischen Gartengerät an der Wand. Er suchte nach Anhaltspunkten, dass das, was er liebte und so unendlich lange kannte, nicht so rigoros enden konnte.

Bald, nachdem sie den Garten gepachtet hatten, hatte er begonnen, den Hühnerstall, das einzige Gebäude, zu einem passablen Häuschen umzubauen. Später baute er das Häuschen für die Besuche seiner Kinder und der zu erwartenden Enkel aus. Dreiundzwanzig Sommer hatten sie seither darin verlebt. Mit einer massiven Holztür, in der Farbe Französisch-Blau, für deren Anfertigung er vierhundertzwanzig Mark West (zugestecktes Geld von Besuchern aus dem Westen) zusammengespart hatte, wollte er demnächst den Bau abschließen.

Es roch nach Dachpappe und Karbolineum. Die Tür stand offen und ließ ein wenig vom strahlenden Spätsommertag herein. Das Fensterchen mit den zahlreichen Längs- und Querstäben wurde zur einen Hälfte von einer gemusterten Gardine und zur anderen Hälfte von einem gelbbraunen Schrank verdeckt, auf dessen herabgeklappter Schreibplatte eine alte Schreibmaschine der Marke Mercedes stand. Auf ihr hatte er Sommer für Sommer die Stoffverteilungspläne für das neue Schuljahr geschrieben. Darüber in einem Fach lehnten eine Handvoll Bücher. Einige hatte er aus der Berliner Wohnung hierher postiert, weil sie ihm immer weniger sagten, er aber noch Mitleid mit ihnen hatte: ein Buch der Leichtathletiktheorie, ein philosophisches Wörterbuch, ein Buch über gymnastische Übungen. Andere Bücher standen hier, weil er sie besonders mochte und sich von ihnen während der Ferien nicht trennen wollte. Erzählbände einiger nordamerikanischer Schriftsteller, sowie Bücher, mit denen man Pflanzen und Tiere bestimmen konnte, Andersens Märchen. Zu ihnen fühlte er eine besonders innige Verbindung. Er hatte seinen Kindern aus ihnen vorgelesen, mit ihnen die heimische Natur näher betrachtet, und sich oft abends im Schuppen und mit Levine oder Saroyan in unerreichbare Fernen hinausgeträumt. Neben der Tür war mit Reiszwecken ein Poster mit Abbildungen heimischer Singvögel befestigt. An der schmalen Tür aus ungehobelten Brettern, an die er Pinsel mit Lackfarbe ausgestrichen hatte, die nun in Farben eines nie gesehenen Paradiesvogels leuchtete, hingen vergilbte Zeichnungen seiner Tochter Janine und seines Sohnes Michael. Kohlmeisen, Stare auf der Wiese, eine Schafstelze.

Obwohl Paul sich eine grundlegend veränderte Gesellschaftssituation träumte, konnte er sich doch nicht vorstellen, das Leben seiner Familie könnte anders verlaufen als bisher. Sein ganzes Mauerleben lang hatte er dafür gelebt, zu lieben, eine Familie zu gründen, sie zusammenzuhalten, dem Unfrieden ideologischer Bevormundung familiären Frieden entgegenzusetzen. Unter allen Umständen wollte er ein guter Vater sein. Von seinem Vater, der im letzten Kriegsjahr als Soldat umgekommen war, besaß er bloß schwache Erinnerungen.

Er strich über das lange Fell des Katers und hörte die Gäste laut redend den Gartenweg heraufkommen. Michael musste ihnen entgegengegangen sein. Manfred und Gerti aus Reinickendorf mit ihren beiden kleinen Töchtern Nana und Leni, Schwager Richard, Janine mit dem dreijährigen Hardy.

Paul wäre jetzt gern ungestört geblieben. Der Kater war ihm ein sensibler Freund geworden, hatte ihn begleitet wie eine stille Mahnung, gelassen zu bleiben, sich auf Wesentliches zu beschränken. Er konnte sich nicht damit trösten, es sei bloß ein Tier. Die Ernsthaftigkeit, mit der der Kater dem Leben begegnete, hatte ihn fasziniert. In seiner Nähe spürte er die Ursprünglichkeit, ungeheuchelte Natürlichkeit, die nun plötzlich abriss, die er bereits vermisste, bevor er den Kater aus den Armen legte. Die Veränderungen, die er seit Monaten wahrnahm, schienen sich auf Nebenschauplätzen zu ereignen.

"Wir waren blind für deine Not", sprach er halblaut, "bitte, vergib uns." Seit Tagen hatte der Kater auf einer zusammengelegten Decke im Schuppen gelegen, neben sich einen Wassernapf, aber zu schwach, um noch trinken zu können. Heute mittag kam er mit unendlicher Mühe in den Garten gekrochen und blieb zu Pauls Füßen liegen. Paul war von dieser Geste des Katers erschüttert. Was hatte er dem Tier bedeutet? Er trug es zurück auf sein Lager und sah alle Augenblicke nach ihm. Vor Wochen hatte sich der Kater häufig am Schwanzansatz gekratzt, oder sich sitzend über den Rasen gezogen, und sie hatten sich über die ulkige Figur, die er dabei abgab, amüsiert. Er musste, was ihm schon öfter zugestoßen und bisher glimpflich verlaufen war, von einem fremden Kater gebissen worden sein.

Es folgten unruhige Wochen, die den Kater ihrer Aufmerksamkeit entzog. Ständig waren sie mit Dingen beschäftigt, für die sie noch wenige Monate zuvor keine Zeit aufbringen mussten, weil sie nahezu tabu waren und seit fast drei Jahrzehnten außerhalb ihrer Ansprüche lagen: das dritte Mal schon in diesem Jahr hatten er und Elisa auf dem Volkspolizeirevier zwischen 'Reiseantragstellern' gesessen und Formulare zu 'Reiseanträgen' ausgefüllt. Dann durfte er am Anfang des Monats für sensationelle zehn Tage zum achtzigsten Geburtstag seiner Tante nach Westberlin fahren. Elisa aber hatte auch in diesem Jahr keine Ausreiseerlaubnis erhalten. Paul trug die Fahrt in den anderen Teil der Stadt noch immer als ein großes Erlebnis in sich. Die bunte Hektik auf den Straßen, die er als Lebendigkeit empfunden hatte. Die vollen Schaufenster, das Frühstück mit seiner alten Tante in Spandau, wie früher als Kind. Den einen Tag, den er auf dem Flughafen Tegel verbracht hatte, bloß um das Fluidum des Abreisens in alle Welt und das Ankommen aus aller Welt zu erleben. Anschließend fuhren sie beide für zwei Wochen an die Ostsee, und Michael nahm den Kater mit nach Berlin. Tagsüber arbeitete er, und abends traf er sich mit Freunden. Ungewohnt oft. Als sie zurückkamen, bewegte sich der Kater so seltsam träge und fraß kaum. Jetzt erinnerten sie sich seines eigenartigen Verhaltens, untersuchten sein Fell und entdeckten eine vereiterte Wunde. Die Tierärztin spritzte ihm mehrmals Antibiotika. Der Kater aber wurde zusehends schwächer.

Paul spürte fast seismografisch das Brodeln im Land, wie der Vulkan die Backen aufblies. Und er hoffte, die Veränderungen gingen an seiner Familie vorüber, und sie blieben zusammen. Die Kälte der Mauer hatte ihn unbeirrbar zu seiner Familie halten lassen. Dass sie zusammenhielten, hatte ihn die Mauer ertragen lassen. Dass sie den Kater nicht hatten retten können, ließ ihn zweifeln, ob er noch die Kraft dazu besaß. In anderen Jahren wäre es uns nicht passiert, dachte er. Seit dem die Ungarn das Stück Stacheldraht aus dem Zaun geschnitten haben, sind wir nicht wiederzuerkennen. Wir gieren nach dem Loch im Zaun wie in Panik geratene Schafe.

Im Garten wurde gelacht, gescherzt. Er hörte den kleinen Hardy nach ihm fragen und Elisa antworten. Die Stimmen kamen jetzt leiser.

Der Kater hatte die ganze Zeit die Augen offen. Er schien sein Leiden mit Gleichmut zu ertragen. Paul wünschte sich, seinem Tod ebenso gelassen entgegensehen zu können. Aber war Fridolin gelassen oder stumm vor Schmerzen? Plötzlich atmete der Kater mit leisem Seufzer aus.

Der kleine Hardy trat in den Schuppen. "Opa, ist Fridolin krank?" Paul stand benommen und wusste nicht, wie er dem Jungen in seiner Trauer entgegentreten und ihm die plötzliche Leblosigkeit des Katers erklären sollte. "Fridolin kann nicht mehr laufen. Er ist tot", sagte er. "Oh, Fridolin hat keine Beine mehr", sagte der Kleine anteilnehmend, "er kann nicht mehr laufen", sah lange auf den Kater und schwieg.

"Wir werden ihn begraben", sagte Paul. Er bettete den toten Kater in einen alten Hebammenkoffer, ein lange gehegtes Erbstück von seinem Großvater. Dann nahm er das Köfferchen, griff einen Spaten und ging mit seinem Enkel ans Ende des Gartens. Sie begruben den Kater neben einer jungen Eiche. "Das ist jetzt die Fridolin-Eiche", sagte Paul und legte einen Feldstein auf die frische Erde.

"Kommt Fridolin wieder aus der Tasche heraus?"

"Nein. - Dreizehn lange Jahre war er unser Freund. Nun lebt er für immer in unseren Herzen. Wir wollen ihn ruhen lassen." Er nahm den Kleinen an die Hand und griff den Spaten. "Komm, wir gehen jetzt zu den anderen." Paul stellte den Spaten in den Schuppen, räumte des Katers Krankenlager zusammen und steckte es in die Mülltonne.

2

Als sie ins Häuschen traten, hatten Elisa und Janine bereits Kartoffeln geschält und Gerti stellte Töpfe und Teller bereit.

"Hardy und ich haben Fridolin begraben", sagte Paul etwas ratlos.

"Da wächst jetzt ein Fridolin-Baum", sagte der Kleine und schien anders als die Erwachsenen, vom Tod des Katers gar nicht überrascht zu sein.

"Dass er grad heute sterben musste", sagte Elisa, die an die Heiterkeit dachte, mit der sie ihr seltenes Zusammentreffen hatten auskosten wollen. Sie stand in der Kochnische und schnitt Paprikaschoten auf der Unterlage des Küchenschrankes.

"Erinnerst du dich", sagte Gerti, "Fridolin war euch damals zugelaufen kam, als wir abends am Grillfeuer saßen?"

"Ja", sagte Paul, "er fraß alles, was irgendwie fressbar war. Und hing voller Flöhe."

"Von dem schönen Tag waren wir drei Stunden lang im Kreis Oranienburg umhergefahren, um einem fehlenden Stempel, zu besorgen, den die Vopos an der Grenze vergessen hatten", sagte Gerti empört. "Trägst du sie bitte zum Tisch?" Sie gab Paul einen Stapel Teller.

"Vor zwölf oder dreizehn Jahren", sagte Paul nachdenklich.

"Vor dreizehn Jahren", warf Gerti ein.

"Es scheint so, als hätte er nur darauf gewartet, bis wir alle wieder so wie damals zusammen sind, um sich zu verabschieden. - Fridolin war bereits zu alt für die Verletzung", fügte Paul wie entschuldigend hinzu. Er trug die Teller in den Garten und überlegte, wie diese Zufälle zusammenhingen. Dieser Sommer macht die Leute ganz verrückt. Jeder wird auf eine heitere Art gesprächiger, aufmüpfiger. Nirgends gibt es Ruhe. Es summt und brummt wie in einem Bienenkorb. Jeder scheint wichtige Veränderungen zu erwarten. Auch ich erwarte etwas. Aber die Wahrheit ist, wir interessieren uns bloß für uns selbst, und alles Schwächere lassen wir über die Klinge springen.

Manfred, Richard und Michael saßen unter dem Haselnussstrauch an dem langen Holztisch und unterhielten sich halblaut. Die beiden Mädchen spielten auf dem Rasen zwischen den hohen Douglasien Ball. Hardy ging zu ihnen. Er lief nicht wie sonst, sondern ging, als müsste er sich erst selbst erklären, was er sagen wollte. Die Mädchen warfen ihm den Ball zu. Er fing ihn und hielt ihn fest. "Fridolin liegt in der Erde - in einer Tasche - und kann nicht mehr gehen." Die beiden Mädchen kamen auf Hardy zu. Der Junge zeigte zum Forsythienstrauch, hinter dem der Kater begraben lag. Alle drei sahen sich an und schwiegen. Jeder von ihnen erfuhr wieder ein Stück von den Zusammenhängen, an denen er selbst beteiligt war: dass jedes Ding seinen Anfang und sein Ende hatte. Als Paul an den Tisch trat und die Teller abstellte, glaubte er, das Wort 'Budapest' gehört zu haben. Es fügte sich zu seiner Trauer, und ein eisiges Gefühl von Verlassenheit, eines plötzlichen Endes, von der Vergeblichkeit allen Beginnens ließ ihn frösteln. Die Drei schwiegen, aber er wusste genug. 'Budapest' und 'Prag' gehörten zu den Reizwörtern dieses Sommers.

"Ist Fridolin gestorben?" fragte Michael. Er saß am Ende des Tisches, etwas gebeugt. Paul nickte und betrachtete die Blumenmuster der Wachstuchdecke. Er merkte an dem leisen Räuspern, das Michaels Sprechen begleitete, dass sein Sohn, an etwas anderes dachte, als an den Kater, ihm nur antwortete, um ihn zu schonen, verschwieg, was Paul schon lange fürchtete. Seit Monaten beschäftigte Michael und seine Freunde nur das Thema 'Rübergehen'. In Gesprächen mit ihm hatte Paul dieses Thema seit Jahren immer bloß gestreift, das letzte Mal im Frühjahr, als einer der Freunde versucht hatte, über Ungarn nach Österreich zu gelangen und festgenommen worden war. Stets hatte er sich bemüht, es beiläufig aber ablehnend von seiner Familie fernzuhalten. Wegzugehen lohne sich jetzt nicht mehr. - Er hatte es geahnt. Den Jungen ändern sich die Verhältnisse zu schleppend, sie eilen den Veränderungen entgegen. Doch die plötzliche Wahrheit verschlug ihm die Sprache. Von Kind an hatte er Nachbarn, Freunde, Verwandte in den Westen gehen, rübergehen, später dann ausreisen sehen. Die Trennung aber hatte andere betroffen, nicht ihn selbst. Nun hatte sie also auch seine Familie erreicht. Jahr für Jahr hatte er seinem Sohn ihr Hierbleiben mit geringsten Wandlungen der Gesellschaft hin zu mehr Toleranz begründet. "Es ändert sich. Es muss sich etwas ändern. Die Menschen brauchen grundsätzliche Freiheiten, wie die Luft zum Atmen ... Die Erde ist ein lebendiger Organismus ..." Als das Wort 'KSZE-Konferenzen' die Hoffnungen der Menschen beflügelte, war Michael in die Schule gekommen, als man von der 'Perestroika' sprach wie von der Erlösung, hatte er ausgelernt. Und noch immer mussten seine Eltern, meist ergebnislos, betteln, um enge Verwandte zu besuchen, die nur wenige Querstraßen entfernt wohnten.

Leichter Wind bewegte die Haselnussblätter. Lautlos huschten zwei Rotkehlchen durch die untersten Zweige. Mehr brauchte er nicht als diese vertraute Nähe. Seine Anwesenheit darin verwunderte ihn. Gemächlich schritt ein riesiger schwarzer Kater durch den Garten, sprang am Kompost des Nachbarn über den niedrigen Drahtzaun. Er hatte ihm nie getraut. Er hätte ihn fangen sollen. Paul setzte sich an den Tisch. Michael redete von seinem Moped, Schwager Richard, ein kleiner untersetzter dunkelhaariger Mann mit riesigem Schnurrbart sprach von seiner 'Wartburganmeldung', die er für fünftausend Mark verkaufen könne. Er hätte nie das Auto haben wollen, sondern lediglich die Anmeldung.

'Ihr habt die Autos, wir die Anmeldungen', sagte Paul schmunzelnd zu Manfred. Obwohl er dieses Schachern mit Wartelisten ohnehin schon überteuerter Autos wie jedes Ausnutzen einer Mangelsituation ablehnte.

'Na, immerhin, immerhin', antwortete Manfred gespielt ernst die Augenbrauen hochziehend, dem Gespräch mit dem Gesicht eines interessierten Zuschauers folgend, "doch Anmeldungen sind kostengünstiger, hä, hä." Ihm erschien dieser Handel, da er weder die finanzielle Situation der Leute im Osten noch Qualität der Autos hinreichend kannte, ein kaum erwähnenswerter Geck zu sein. Er hatte gut lachen. Zwei Jahre vor dem Mauerbau waren seine Eltern mit ihm in den Westen gegangen. Über Monate hin hatten sie in Koffern und Taschen einen Teil ihres tragbaren Hausrates in Pankow über die Grenze gebracht. Schließlich nahmen sie Manfred mit und blieben drüben.

Die silbernen Stoppeln in Manfreds Sechstagebart erinnerten Paul, der ihn schon seit seiner Heirat kannte, wehmütig daran, wie sehr seine Sehnsucht nach Freizügigkeit bereits gealtert war. Und doch witzelte er mit, wie er jahrzehntelang gewitzelt hatte. Tatsächlich hatte er eine zweite Natur entwickelt, über Themen, die ihn vor Aussichtslosigkeit nicht schlafen ließen, hinwegzuwitzeln. Um diesem Witzler, sobald er ihm vor dem Spiegel gegenüberstand, ins Gesicht spucken zu können. Nur keinen Schatten zulassen, ihn zerreden; reden, reden, bis die leiseste Befürchtung in Quasselei ersoff. Das eigentliche Thema, das Paul seit August einundsechzig auf der Seele brannte, mit dem er aufgewachsen war, wie mit einem zusätzlichen Sinn, das sich seit Monaten breit machte, alle anderen Themen überlagerte, verdrängte er noch immer. Er spürte die Einsamkeit des Alters. Und eine tiefe Traurigkeit darüber erfasste ihn, dass zu denen, die schon immer Freiheit und Wohlstand genossen hatten, sich nun auch noch sein Sohn hingezogen fühlte. Die Zukunft mit sich nehmend. Alle Beharrlichkeit, aller Mut, aller Widerstand, dessen er seit jenem verhängnisvollen Augusttag damals fähig war, schienen vergebens: Für die Kinder bedeuteten sie nicht mehr als flüchtige unangenehme Erinnerungen. Es darf nicht sein, dachte er. Ich werde mit ihm reden. Wir haben schon lange nicht mehr ausführlich miteinander gesprochen. Er muss doch erkennen, dass das Leben seiner Eltern nicht zukunftslos gewesen ist.

Janine brachte Bestecks und Korkuntersetzer, legte sie auf das rote Wachstuch. Sie lachte ohne ersichtlichen Grund. Am Hals und unter dem Jochbein bekam sie rote Flecke. Sie kommt nach mir, dachte er. Es genügt ihr, die Familie um sich zu haben, jedem ins Gesicht zu schauen, zu sitzen, miteinander zu reden. Sie musste doch auch das Wort Budapest gehört haben. Weshalb sagte sie nichts dazu? Wusste sie nichts von dem Plan ihres Bruders? Sie wusste es. Sicherlich. Jeder von ihnen wusste es, wenn er auch schwieg. Schweigende Zustimmung zu eigenen jahrzehntealten Träumen. Auch Janine war mit seinen und Elisas Traum aufgewachsen, irgendwann einmal seine Verwandten in Kanada zu besuchen. Nun lebte sie allein mit dem Kind und arbeitete als Familienhelferin. Ihre Festigkeit, ihr stilles Durchsetzungsvermögen hatte ihn oft erstaunt. Vor sieben oder acht Jahren an der Sozialfachschule war sie daran nur knapp einer Exmatrikulation entgangen. Mit mehreren Ketten und Umhängern hatte sie an einem Lederbändchen eine Keramikmedaille mit der Aufschrift 'Schwerter zu Pflugscharen' mit dem Relief der bekannten Genfer Plastik um den Hals getragen. Zum Jahrestag DER PARTEI hatte ihre Seminargruppe vor den versammelten Genossen Kampf- und Loblieder zu singen. Währenddessen, da Janine in der vorderen Reihe sang, fiel der Blick der Parteisekretärin auf die Medaille. Es folgten lange Aussprachen, in denen Janine sich weigerte, dieses Symbol von Frieden und Abrüstung abzunehmen. Schließlich griff der Direktor einfach zu und zerrte es ihr vom Hals.

Elisa trug nacheinander in Töpfen Kartoffeln, Fleisch und Gemüse herbei. Sie aßen. Dann saßen oder lagen sie in der Sonne. Später wollten sie auf dem vermoosten Rasen im vorderen Garten Badminton und Volleyball spielen. Doch fehlte ihnen der Schwung. Manfred, ehemals Fußballer, jonglierte den Ball mit den Füßen, dribbelte um Hardy und um die beiden Mädchen herum, die ihm lachend nachliefen. Die anderen standen nachdenklich gestimmt unter den Bäumen, guckten ins Farnkraut, in dem sich Fridolin so gern versteckt hatte. Elisa erinnerte daran, wie sie ihm nach solchen Tagen Zecken aus dem dicken Fell zog. Paul holte Bocciakugeln, und sie spielten eine Zeit lang, miteinander redend, ohne sich auf das Spiel zu konzentrieren. Schließlich setzten sie sich wieder an den wuchtigen Tisch unter dem Haselnussstrauch und jeder tat etwas dazu, erzählend ein Erinnerungspuzzle ihrer Familie zusammenzusetzen.

Am Montagnachmittag, wenn Michael von Arbeit kam, wollte Paul mit ihm reden. Doch Michael war noch wortkarger als sonst. Und so schwieg auch Paul. In den langen Jahren der Mauer hatte er vor allem schweigen gelernt, schweigend das Unabänderliche zu ertragen, in dem er es in sich verschloss. Michaels Absicht stand für Paul fest, obwohl dieser zu ihm davon noch kein Wort gesprochen hatte. Was sollte er dagegen tun? Einerseits schnürte Trauer ihm die Kehle zu, andererseits wollte er sich in die persönlichen Entscheidungen seines Sohnes nicht zu sehr einmischen. Als Michael nach dem gemeinsamen Abendbrot, bei dem er nur Belangloses aus seinem Betrieb erzählte, in seinem Zimmer verschwand, drängte Elisa Paul flehentlich, etwas zu tun.

"Du musst ihn halten! Du musst etwas sagen!" Paul nickte, aber er war unfähig auch nur klar zu denken. So folgte er seinem Sohn und schloss behutsam hinter sich die Tür. Michael drehte sich zu ihm, und sie standen sich verlegen gegenüber.

"Wann?" fragte Paul.

"Am Freitag." Michael schwieg eine lange Pause. "Damit ich wie ein Wochenendtourist wirke." Er lächelte, als wollte er seinen Vater beruhigen.

"Mit der Bahn?"

"Mit dem Flugzeug. Sollten sie mich zurückschicken, kann ich immer noch mit der Bahn fahren."

"Jetzt sollte niemand mehr weggehen", wiederholte Paul leise, als spräche er resignierend mit sich, seinen alten Refrain. Er wusste er würde nichts anderes tun können, als seinem Sohn auf dem Weg, den er sich Flucht zu nennen scheute, so gut als möglich zu helfen. Er blickte aus dem Fenster zu den Kleingärten hinüber, auf das Fabrikgelände am anderen Spreeufer. Sah sich dann im Zimmer um: Michaels Couch, der kleine verstellbare rote Schreibtisch, an dem seine Kinder früher ihre Schularbeiten erledigt hatten; einige Tuschzeichnungen von ihnen an den Wänden. "Es wird sich ohnehin bald vieles ändern. Ich weiß es", sagte er zaghaft. Das erste Mal in seinem Leben bettelte er um etwas.

"Du hoffst es", antwortete Michael, und sein Gesicht verschloss sich.

"Nein, ich bin mir sicher." Aus Paul sprudelten die Worte jetzt heraus. "Es ändert sich ja immer ein wenig. Selbst, wenn wir es nicht wahrhaben wollen. Das war schon immer so."

"Seit ich denken kann", sagte Michael. "Ich bin mit diesen Veränderungen aufgewachsen. Sie haben mich ausgehöhlt vor Sehnsucht. Ich bin ihnen nie nähergekommen. Ich musste zusehen, wie euch eure Hoffnungen bei lebendigem Leibe verdorrt sind."

"Siehst du nicht die kleinen Fortschritte?" sagte Paul leise. "Zehn Tage bin ich in Westberlin gewesen. Im vorigen Jahr genehmigten sie mir bloß vier."

"Und du bist dafür auch noch so verdammt dankbar wie ein Kind." Michael sprach jetzt lauter. In seinem Gesicht zeigten sich rote Flecken. "Ich kann dir sagen, was sich ändern wird. Du wirst vier Tage im Jahr zu deiner Tante fahren dürfen, vielleicht auch zehn, zu deinem Onkel oder zu einer erfundenen Tante oder so, und das war's dann. Und Mama wird nicht fahren dürfen, weil es nicht ihre Verwandten sind. Und sie wird wie im Juli nächtelang nicht schlafen können vor Verletztheit und wochenlang krank sein. Und der Hass wird sie und dich eines Tages aufgefressen haben." Paul trafen diese Worte wie Schläge. Er hatte, um zu überleben, die Wahrheit immer auf Distanz gehalten und konnte sie nicht so plötzlich an sich heranlassen. Mein Junge, wollte er sagen. Doch verschwieg er diese frühere Anrede, um nicht zu zeigen, wie weich er wurde.

"Die Verhältnisse ändern sich", sagte er wie zu sich selbst. "Sie ändern sich so lange, bis sie völlig umgekrempelt sind. Das kannst du glauben."

"Darauf hoffst du", sagte Michael. Er verschränkte die Arme über der Brust. Seine rechte Wange zuckte.

"Selbstverständlich hoffe ich."

"Erst hast du die Sätze von der Dialektik nachgebetet und nun baust du sie in deine Hoffnung ein. Du hoffst, solange ich denken kann".

"Das ist ja das Gute an der Hoffnung", sagte Paul, "dass sie sich der Veränderungen sicher ist. Darauf kannst du getrost vertrauen."

"Du hoffst, und ich gehe", sagte Michael kurz. Dann schwiegen sie lange.

"Hast du dich vorbereitet?" fragte Paul müde. Sein Sohn zuckte mit den Schultern.

"Meine Umhängetasche nehme ich."

"Wo willst du über die Grenze?"

"Bin mir nicht sicher." Er nahm eine Karte von Ungarn und breitete sie auf dem Teppich aus. "Die Grenze zu Österreich ist lang." Er hockte sich davor. Paul verließ das Zimmer und kam mit einem Zeitungsartikel zurück. Er hatte ihn versteckt in einem Prospekt über Haustüren von der letzten Besuchsreise nach Westberlin mitgebracht. Er reichte ihn Michael. Der Artikel schrieb über kuriose Fluchten durch den Neusiedler See nach Österreich. Seine durchschnittliche Wassertiefe betrage nur einen Meter.

"Gute Idee", meinte Michael, "man begegnet nicht so vielen Leuten."

"Der See ist riesig. Du wirst einen Kompass brauchen."

"Ich habe mir einen gebaut."

"Du kannst von mir einen haben."

"Der ist zu auffällig. - Wozu braucht ein Tourist für Budapest einen Kompass?" Michael nahm aus seiner Tasche eine Streichholzschachtel. Zwischen den Hölzchen lagen eine Reißzwecke sowie eine winzige Blechnadel mit gekörntem Mittelpunkt. Er stellte die Reißzwecke auf die Streichholzschachtel, legte die Nadel darauf, stellte sie auf die Karte und nordete sie ein. Dann notierte er sich, was er als touristische Maximalausrüstung benötigte: Personalausweis, Flugticket - für Hin- und Rückflug, ein Buch, Badehose, eine transparente Plastetüte, die er bei Durchqueren des Sees hinten an seine Badehose als Schwimmhilfe befestigen wollte, eine Plastetüte für Tasche und Kleidung, sowie die Schachtel Streichhölzer und Zigaretten.

Paul fühlte sich, als rissen die unterschiedlichen Lebensphasen an ihm: Als Kind hatte er sich nach dem Krieg mit letzten Fotos von ihm in den Händen seinen Vater herbeigesehnt, mit dem Bildnis auf den Fotos geredet. Später war er seinen Kindern häufig als sein eigener Vater begegnet, als müsste er eine Rolle beenden, die ihm als Kind gefehlt hatte. Im Sommer nach dem Mauerbau hatte er selbst mit der Möglichkeit gespielt, zu fliehen. Hätte die

Möglichkeit bestanden, rüberzukommen, er wäre gegangen - ohne Rücksicht auf Eltern, Großeltern, Geschwister. Nur, um zu zeigen, dass er sich nicht einsperren ließ.

Paul verließ noch einmal das Zimmer, brachte Michael die vierhundertzwanzig Mark West.

"Du wirst es drüben für den Anfang brauchen."

"Die Tür für das Häuschen ..."

"Die kann warten." Sie saßen sich wie Kinder gegenüber, die einen Abenteuerplan aussheckten.

4

Als sie am Freitagnachmittag aus dem Haus gingen, blickten Michael und Paul wie gewohnt zu den Fenstern hoch. Sie sahen Elisa nicht wie sonst auf dem Fensterbrett lehnend und ihnen nachwinkend, sondern halb versteckt hinter der Gardine. Sie überspielte ihre Trauer nicht, wie er das so meisterhaft verstand, um dann nächtelang schlaflos allein zu bleiben. Nur kurz sahen sie ihre Hand, den Anflug eines Winkens. Als wollte sie nicht zu genau hinsehen, als fürchtete sie, ihr Abschiedslächeln könnte dem Schicksal zu heiter ausfallen, bevor Michael in Österreich war. Sie fuhren mit der Straßenbahn bis Adlershof, von dort mit der S-Bahn zum Flughafen. Paul hatte versucht, Elisa dazu zu überreden, sie zu begleiten. "Wer weiß, wann wir Michael wiedersehen." Doch Elisa sträubte sich dagegen. "Meine Nerven. Ich halte das nicht aus. Du hättest ihn nicht gehen lassen dürfen ..."

Michael hatte sich betont als Wochenendtourist gekleidet. Er trug Jeans, ein Nicki und über der Umhängetasche, die auf seinen Knien lag, eine Windjacke. Zu dem dünnen Pullover in seiner Tasche hatte Elisa ihn überreden müssen. Paul sah auf seinen Sohn, sah im Zug umher, sah aus dem Fenster. Er wollte reden. Der Weg floss dahin, und sie schwiegen. Das Reifenwerk. Das Grünauer Kreuz. Ehemalige Berufsschule der Interflug. Keine Verspätung zögerte den Weg in die Länge. Wie sollte er beginnen, da sie auch schweigend einander nah waren? Näher als in den letzten vier, fünf Jahren, seit sein Sohn erwachsen war. Er wollte nicht sentimental wirken, fühlte sich aber zum Heulen. Hin und wieder trafen sich ihre Blicke. Michael wirkte konzentriert, auf etwas in der Ferne gerichtet. Dann wieder schienen seine Augen beruhigend und etwas verlegen zu lächeln. Alle von ihm unterschlagenen Worte und Gefühle schienen sich gegenseitig behindernd aus Paul herauszudrängen. Doch er schwieg. Irgendwann war ihm die Spontaneität abhandengekommen. Nachträglich, fielen ihm gewiss Worte ein. Wochen- und nächtelang würde er sie dann für sich wiederholen. Weshalb sagte Michael nichts. Sie würden sich unbestimmt lange nicht wiedersehen. Bisher waren sie, bis auf das eine Mal, nie länger als drei Wochen voneinander getrennt.

Als Michael drei Jahre alt war, hatte er nach einer Leistenoperation vier Wochen in der Kinderabteilung des Krankenhauses in Köpenick liegen müssen. Elisa und er hatten ihn während dieser Zeit nicht besuchen dürfen: "Damit das Kind sich nicht nach Hause sehnt." Sie hatten sich nach dem Jungen gesehnt und die Anordnung dennoch widerspruchslos hingenommen. Er würde sich das nie verzeihen. Als er ihn abholte, lag Michael in einem Kinderbett und sah starr und reglos auf ihn. Er sprach ihn leise an, doch der Kleine schwieg. Dieser quicklebendige Junge. Paul war entsetzt. "Wie geht es Michael?" fragte er die junge Krankenschwester, die ihm den Entlassungsschein aushändigte, "ist er noch krank?"

"Nein", sagte sie mit einem Gesicht, als wäre sie in ihrer Ruhe gestört worden, und begann den Bettbezug abzuziehen. "Es geht ihm gut. Aber er war sehr unartig. Er hat fast jeden Tag geheult und eingenässt. - Ja, ja," sagte sie in strengem Ton zu dem Kleinen, ohne ihre Mimik zu bewegen, "so ein großer Junge, und pullert ins Bett und heult den ganzen Tag. Du warst gar nicht lieb." Paul fand vor Schreck keine Worte. Er hob den Kleinen aus dem Bett und zog ihn um. Ihn fror bei der Vorstellung, wie einsam der Kleine sich gefühlt haben musste. Er betrachtete die junge Frau von der Seite, konnte nicht glauben, dass die Worte, die er eben gehört hatte, von diesem hübschen Wesen stammten. Die Wahrheit deprimierte ihn. Doch er äußerte kein Wort des Abscheus, der Verachtung, nicht den leisesten Unmut. Er hatte nicht aufgegeben, sich immer und immer wieder zu empören, doch immer häufiger verschlug es ihm die Sprache, schwieg er resigniert. Und nun steckte der Groll auf seiner Seele wie ein Pfropf. In der Straßenbahn hatte der Kleine sich scheu an ihn gedrückt und bis sie in Schöneweide ausstiegen, kein Wort gesprochen, nur hörbar tief durchgeatmet.

5

Vom S-Bahnhof gingen sie hinüber zum Flughafengebäude. Bevor sie die Treppe zur Flugabfertigung hinaufstiegen, blieb Paul möglichst unbefangen stehen und sagte halblaut:

"Wir wollen uns schon hier verabschieden, vielleicht beobachtet uns jemand vom Stasi. - Hals und Beinbruch, mein Junge. Lass dir Zeit! Sei umsichtig wie immer! Ich wünsche dir alles Gute." Er lächelte schweren Herzens. Sie umarmten sich, küssten sich (Paul hätte seinen Sohn gern fester umarmt). Nicht zu impulsiv! Nicht zu auffällig! Einem Wochenendausflug angemessen! Michael blieb äußerlich regungslos. Kurz vor fünf stellte er sich zur Reihe der Passagiere an der Durchlasskontrolle.

Paul setzte sich gegenüber auf die Metallkante eines der hohen Fenster und begleitete ihn, solange er konnte, mit Blicken. Die Reihe kam nur in kleinen Schritten voran. Hin und wieder drehte sich Michael zu seinem Vater. Sah blass aus, wirkte nachdenklich, doch fest und konzentriert. Nur an seinem gelegentlich tiefen Durchatmen erkannte Paul seine Erregung. Michael musste sehr müde sein. Erst gegen Mitternacht war er von einem letzten Zusammensein mit Freunden im Café Kränzchen und heute Nachmittag gegen halb vier aus dem Betrieb nach Hause gekommen. Eine junge Zollbeamtin forderte Michael auf, seine Umhängetasche auf das Prüfgerät zu stellen, das einer elektronischen Dezimalwaage glich. Auf dem Bildschirm betrachtete sie kühl und wortlos den Inhalt. Nur kein freundliches Wort zu viel, dachte Paul spöttisch. Nur nicht sprechen. Nichts ansprechen. Nichts aussprechen, was alle hier im Raum wissen.

In der Reihe hinter Michael ging eine kräftige junge Frau fast nur rückwärts. Sie trug einen prall gefüllten Rucksack, ließ jede Vorsicht außer Acht und verständigte sich bis zur Tür mit dem roten Lämpchen mit ihrer Mutter (sie ähnelte ihr unverkennbar) in lebhafter Zeichensprache: Nach ihrer Ankunft würde sie sofort anrufen. Hinter ihr gingen zwei junge Männer mit kurzem Haarschnitt und mit ebenfalls voller Campingausrüstung. Paul beneidete die beiden Frauen für ihren Mut. In Gedanken sprach er mit Michael. Ging mit ihm noch einmal die Einzelheiten des Weges durch, vom Flughafen Budapest bis nach Sopron und zum Neusiedler See, die möglichen Gefahren, die sie in Michaels Zimmer besprochen hatten. Er bemerkte, wie er am ganzen Körper zitterte, eilte zum Kiosk am Ende der Halle, kaufte etwas fahrig eine Schachtel 'Cabinett', hastete zurück zum Platz am Fenster, suchte den Krauskopf seines Sohnes, sah ihn sich allmählich in dem schmalen Gang entfernen, sich hin und wieder zwischen den Köpfen der Mitreisenden wie suchend, doch gelassen umdrehen. Paul hob die Hand - bis in Schulterhöhe, wagte es, noch einmal verhalten zu winken, lächelte. Ihm schien, Michael lächelte mit den Augen.

Schließlich saß er allein, paffte wie sinnlos an seiner Zigarette, starrte blinzelnd hinter sich durch die Scheiben auf den Parkplatz, drückte die Kippe aus und begab sich auf die Besucherterrasse. Es hatte geregnet. Eine frische Brise kühlte sein Gesicht. Mit etwa dreißig Wartenden, die die Brüstung zum Rollfeld hin säumten, harrte er aus, hoffend, seinen Sohn noch einmal beim Einsteigen in das Flugzeug zu sehen. Drei oder vier Maschinen der Interflug und der Aeroflot starteten. Ein Bus voller Passagiere fuhr zu einer zweistrahligen Düsenmaschine. Ehe Paul mitbekam, dass sie nach Ungarn startete, waren die meisten Passagiere bereits über die Gangway an Bord gegangen. Er winkte noch, als das Flugzeug abdrehte und zur Startbahn rollte. Mit ihm winkte die Mutter des Mädchens. Sie stand allein am äußersten Ende der Terrasse. Das Flugzeug flog im abendhellen Stück des Himmels eine Schleife.

Wieder begann es zu regnen. Die Frau und er stellten sich unter das Vordach des Terrassenrestaurants und blickten dem Flugzeug nach, bis es im Grau verschwand.

Es roch aufdringlich nach Entenbraten. Hinter den Scheiben an weiß gedeckten Tischen aß man zu Abend.

(Veröffentlicht in 'East Side Stories', Holzheimer Verlag, Hamburg, 2006)

Warten

Als er vom Flughafen kam, musste er ihr jede Einzelheit von der Verabschiedung Michaels erzählen: Nein, nicht viele Passagiere. Eine Reihe von zehn oder zwölf, meist Jüngeren. - Ja, in der ersten Etage. - Nein, nein, wir haben uns nicht zu auffällig umarmt. Zu einem Touristenwochenende nach Budapest? - Nein, ich habe niemanden bemerkt, der uns beobachtet hätte. - Doch, doch, er kam gut durch. - Nein, er wurde nicht aufgehalten. Kontrolle ging glatt. Soweit ich es verfolgen konnte. - Nein, Michael, schien gar nicht aufgeregt zu sein.

Sie saß auf der Couch, aufrecht, steif, als wagte sie nicht sich anzulehnen, der Gemütlichkeit hinzugeben. Er setzte sich ihr schräg gegenüber. Da musste er ihr nicht ins Gesicht schauen, konnte mit seinen Blicken zum Fernseher ausweichen. Ihr Gesicht wirkte mürrisch, doch ihre Augen blickten groß und müde. Als er schwieg, saßen sie erschöpft auf der Couch. Sahen mehrmals, um ihre Unruhe zu besänftigen, die Abendnachrichten, von der Situation der DDR-Flüchtlinge in Prag und Budapest. Er blickte alle Augenblicke zur Uhr.

"Wo wird er jetzt sein?" fragte sie mit mürrischem Seitenblick. Er wusste, sie malte sich schlimmste Szenen aus.

"Er wird jetzt auf dem Flughafen in Budapest sein, sich nach dem Weg zum Hauptbahnhof erkundigen. Vielleicht sitzt er auch bereits in einem Vorortszug dorthin." Er stellte sich vor, in Budapest führen, ähnlich vieler europäischer Großstädte, Vorortszüge. "Vielleicht fährt er auch mit einem Bus oder in einem Taxi. - Oder er ist längst dort, hat sich eine Fahrkarte nach Sopron gelöst und verbringt die Zeit bis zur Abfahrt auf dem Bahnhof." Dann schwieg er, um ihr keine Nahrung für Unruhe zu liefern.

Sie versuchte sich abzulenken, in dem sie sich neben den Radiorekorder auf den Teppich setzte und leise Walzermusik von der Kassette hörte. Sie summte aber nicht mit, wie sie es sonst tat.

Er hatte das Gefühl, er müsste seinen Sohn beschützen, indem er ihn zumindest in Gedanken begleitete. Er stellte sich vor, wie Michael versuchte, sich auf einer Bank zwischen dem Gewimmel der Touristen im Dahindämmern für den morgigen Tag auszuruhen. Hinter sich die Tasche gegen die Lehne als Kopfstütze, hin und wieder barsch angesprochen von Bahnhofspolizisten oder beobachtet von Stasispitzel. Die Nachrichten erwähnten verschärfte Kontrollen beispielsweise in Zügen zum Grenzgebiet und von Autos mit DDR-Kennzeichen auf den Straßen dorthin.

Als wäre seine Frau seinen Gedanken gefolgt, sagte sie laut in eine Melodie hinein: "Ich wäre sehr erleichtert, schickte die Polizei Michael zurück. Ich hatte gehofft, er käme nicht durch die Flughafenkontrolle."

Ihn bewegten ähnliche Wünsche, doch verschwieg er sie. Er sah, wie ungarische Grenzer seinen Sohn zwangen, am nächsten Bahnhof auszusteigen und zurückzufahren. Dann wieder hoffte er, Michael gelangte per Anhalter in einem westdeutschen oder ungarischen Wagen noch am Abend nach Sopron. Und ein wenig tröstete ihn die Genugtuung darüber, dass er mit seinem Sohn dem Mauerstaat für alle erlittenen Demütigungen eins auswischen konnte. Etwas später sah er sorgenvoll, wie Michael Unterkunft in einem Zeltlager des Malteser Hilfsdienstes fand, in denen den Nachrichten zufolge der Staatssicherheitsdienst sein Unwesen trieb: die Flüchtlinge vielleicht zu unüberlegten Handlungen oder zu Provokationen verleitete, um die ungarische Regierung zu zwingen, ihre Grenze wieder zu schließen. Wenige Wochen zuvor war ein junger Mann an der Grenze zu Österreich von einem ungarischen Grenzer erschossen worden. Und er wünschte, sein Sohn durchschaute solche Menschen und tat, was allein er für richtig hielt, ruhig und mit seiner ganzen Besonnenheit.

Erst spät gingen sie schlafen, erwachten früh und lagen doch, jeder still für sich wie apathisch bis in den Vormittag hinein in ihren Betten. Als wüssten sie nicht, wie sie ihren gewohnten Alltag fortsetzen sollten. Regen tropfte unregelmäßig aufs Fensterbrett. Trommelte hohl. Er fühlte eine große Leere, als wäre er gar nicht wirklich anwesend. Beim Frühstück hörten sie in den Nachrichten, die amerikanische Raumsonde Voyager II verlasse nach zwölf Jahren Flug das Sonnensystem und werde erst in vierzigtausend Jahren wieder auf einen Himmelskörper stoßen. Sie bewog diese Nachricht zu der Bemerkung: "Du hättest ihn halten sollen. Stattdessen hattest du zugesehen, wie er ging, ihm sogar geholfen." Sie vermied den Namen ihres Sohnes. Noch ertrug sie das Ereignis nicht aus der Nähe. Er erstaunte darüber, welchen Einfluss sie ihm auf Michael zutraute. Auch er gab sich Schuld daran, dass sein Sohn den Weg der deutschen Teilung gegangen war: Er hatte sich nicht entschieden und mutig genug gegen Bevormundung gewehrt. "Würde er hier unglücklich sein, machte ich mir zeitlebens Vorwürfe," antwortete er.

"Er wüsste nicht, ob er drüben glücklicher wäre", sagte sie.

"Es genügt, dass er sich hier unglücklich fühlte", entgegnete er. Bewegungen schienen sich im Kosmischen wie im Irdischen zu ähneln. Sollte ihn das beruhigen?

Am Abend, als noch immer keine Nachricht von Michael eingetroffen war, sah er ihn, nachdem er Länge und Richtung des Weges erkundet hatte, am Ufer des Neusiedler Sees liegen. Er hoffte, es gäbe in Restaurants und auf Zeltplätzen hilfreiche Deutsch sprechende Ungarn oder österreichische Touristen, die ihn gut informierten. Dann vermutete er seinen Sohn zu Fuß unterwegs durch das flache

Wasser. War es tatsächlich so flach und ungefährlich, wie die B-Zeitung schrieb? Hoffentlich ging er mit niemandem, der ihn verriet.

Als es zu dunkeln begann, setzte er sich auf den Balkon, und rauchte, um nicht untätig zu sein, von den Flughafenzigaretten. Mit Rührung betrachtete er die Schachtel und dachte: Du hast mit mir meinen Sohn verabschiedet. Als er spät in der Nacht, lange nach seiner Frau schlafen ging, vermutete er Michael auf einer Landzunge, in deren Nähe die Grenze zu Österreich verlief. Wie weit und hindernisreich streckten sich die auf der Karte eingesehenen Entfernungen tatsächlich? Hatte Michael gegessen, getrunken? Fror er nicht? Er hätte den alten DDR-Parka, den er hier bloß zu Gartenarbeiten im Herbst angezogen hatte, über dem Arm mitnehmen sollen. Er versuchte zu ruhen. Sowie er aber in den Schlaf dämmerte, schreckte er hoch, weil er seinen Sohn plötzlich aus den Gedanken verlor und grübelte, an welcher Stelle des Weges er ihn verlassen habe.

Am Sonntagmorgen stand er zeitiger auf, steif, schwer, lustlos, wusch und kämmte sich flüchtig, hängte sich seinen Bademantel über, blickte versonnen in das verlassene Zimmer seines Sohnes, ging in die Küche, nahm ein Stück Brot aus dem Schrank, setzte sich ins Wohnzimmer, schaltete den Fernseher ein, verfolgte die Nachrichtenbilder. Seine Frau trat verschlafen ins Zimmer, barfuß im Nachthemd, das ihre hübschen Waden frei ließ.

"Mein kleines Mädchen", wollte er sagen und sie streicheln, doch ihr mürrisches Gesicht hielt ihn zurück.

"Aus!" sagte sie zischend. "Schalte bitte aus! Ich kann jetzt nichts hören. Meine Nerven ...!" Sie setzte den Teekessel mit Wasser auf, nahm eine große Tasse aus dem Hängeschrank, gab zwei Löffel Kaffee hinein und ging ins Bad. Er setzte sich indes auf dem Teppich dicht neben den Radiorekorder. In den Nachrichten war von einhundertachtzig meist jüngeren DDR-Bürgern die Rede, die sich auf österreichischer Seite gemeldet hätten.

"Wo könnte er jetzt sein?" fragte sie und setzte sich mit dem Kaffeetopf an den Tisch. Ihr Haar wirr, vernachlässigt, ihr Gesicht traurigmüde. Er erzählte ihr von den Nachrichten.

"Möglich, dass Michael darunter ist", sagte er vorsichtig.

"Das sagst du nur so. Du redest immer so. Wie ein Kind. - Du hättest ihn halten sollen."

"Du kennst die Wahrheit", sagte er: "Michael ist erwachsen."

Am Montag, als er aus der Schule kam, klingelte das Telefon. Er hörte es nicht, da er vor dem Fernseher saß.

"Telefon!" rief Elisa aus der Küche.

"Na, nimm doch ab."

"Nein, ich gehe nicht ran. Nimm du ab. Beeil' dich!"

Er sprang auf, lief ins Nebenzimmer, nahm den Hörer.

"Mörbisch am See", sagte eine leise Frauenstimme in Wiener Mundart. "Ihr Sohn Michael ist bei uns untergekommen. Ihm geht es soweit ganz gut, und er grüßt sie ganz lieb."

"Ich danke Ihnen", sagte er etwas benommen, "ich danke Ihnen herzlich. Sie wissen nicht, wie sehr uns ihr Anruf erleichtert. - Soweit? Ist er verletzt?"

"Er kann sich noch schlecht bewegen, seine Knie."

"Was ist mit Michael?" fragte seine Frau fast schreiend und kam ins Zimmer geeilt. "Sag doch etwas! Du redest so bla, bla. Ist er verletzt?"

"Einen Augenblick", sagte er und hielt die Sprechmuschel zu. "Bitte, beruhige dich! - Entschuldigen Sie bitte, meine Frau ... Sie ist schon ganz krank vom Warten. Was ist mit seinen Knien?"

"Sie sind zerschnitten, auch seine Hände, die Jeans ...
Er musste gestern den ganzen Tag durchs Schilf ..."

"Den ganzen Tag?" fragte er verwundert.

"Was ist mit seinen Knien?" fragte seine Frau jetzt kaum
hörbar, als wagte sie nicht zu atmen.

"Er musste durchs Schilf und hat sich dran geschnitten", flüsterte er.

"Ja," sagte die Frau leise, "der See besteht kilometerweit
bloß aus Schilf. Morgen fährt er mit einem Bus nach Wien
und von dort mit dem Zug nach Gießen." Er stellte ihr Fragen, wusste vor Erleichterung nicht, wie er ihr angemessen
danken konnte. Sie unterhielten sich noch einige Zeit über
die Ursachen und möglichen Folgen der Fluchtwelle.

Nach dem Gespräch ging Elisa ins Schlafzimmer, legte
sich aufs Bett und weinte still. Paul ging ihr nach, um sie
zu streicheln, berührte sanft ihre Schulter. "Es ist alles
gut. Micha ist gesund angekommen. Nur seine Knie kann
er nicht beugen. Sie sind verschorft. Das Schilf. Wir hatten
nicht mit dem Schilf gerechnet. Nicht mit derart viel. Und
die Grenzer auf dem Flughafen haben ihm das Westgeld
abgenommen. Er soll es sich bei der Rückkehr abholen."
Paul versuchte zu lächeln. "Diese Säcke wussten es also.
Wir hätten uns gar nicht so übervorsichtig verabschieden
brauchen." Elisa drehte sich weg.

"Lass mich, bitte!" Er spürte, wie sehr sie innerlich
wund war und für sich allein bleiben, in sich hineinkriechen wollte, um sich zu heilen. Er sah eine Zeit lang auf
sie, dann ging er ins andere Zimmer und telefonierte mit
Verwandten, informierte sie darüber, Michael sei wohlbehalten drüben gelandet.

(Veröffentlicht in 'East Side Stories', Holzheimer Verlag,
Hamburg, 2006)

Alaska-Highway

Lange überlegte Wilke, ob er der Einladung Maries zur 'Feier für Freunde und gute Bekannte' anlässlich ihrer Hochzeit in den Britzer Garten folgen sollte. Außer Marie würde er dort niemanden kennen, nicht einmal ihren Bräutigam. Dann entschied er sich für den Besuch - aus Neugier, und um einfach etwas zu erwarten, das keine Absage, keine Beschädigung seines Selbstwertgefühls, sondern ein nettes Erlebnis sein würde.

Er zog ein weißes Hemd an, seinen einzigen, deshalb dunkelblauen Anzug (für alle Gelegenheiten) und band seinen grün-schwarz quer gestreiften Westschlips um. Hinter der Möglichkeit, freizügig reisen zu können, glomm wie eh und je der Funke Hoffnung auf eine nicht genau zu erklärende Art von Freiheit und Veränderung. Mein Gott, dachte er, du bist zweiundfünfzig Jahre alt, und freust dich noch immer wie ein kleines Kind, sobald du in den Westen fährst.

Er kannte Marie seit dem Jahr der Wende. Fast zwei Jahre lang. Durch sie hatte er in Westberlin beinahe eine Stelle als pädagogischer Mitarbeiter bei einer Gesellschaft zur Förderung von Berufsbildung erhalten. Im Herbsttaumel der Vereinigung hatte er seine Arbeit verloren. Fast ein Jahr lang ruhte seine ganze Hoffnung auf dem Angebot dieser Gesellschaft. Dann aber stellte sich heraus, die GFB wollte sparen und ihn nur für eine kurzbefristete Zeit und für einen beschämend niedrigen Tarif beschäftigen. Obwohl es die erste Zusage seit Monaten war, lehnte er ab. Von dem Geld hätte er durchaus leben können, doch fühlte er sich gekränkt und in seiner Persönlichkeit als langjähriger Ausbilder getroffen. Lieber suchte er sich eine Stelle als Lagerarbeiter im Kfz-Handel.

Von der S-Bahn kommend fuhr Wilke noch einige Stationen mit dem Bus und spazierte das letzte Stück des Weges zwischen Wochenendhäuschen und einem schwachbesetzten langen Parkplatz entlang. In der Reisetasche am Gurt über seiner Schulter trug er, worum Marie auf der Einladungskarte gebeten hatte: ...eine Kleinigkeit zum Schlemmen, Besteck, Becher, Glas, sowie zum Lagern nach Bedarf Decken oder Kissen, und Tucholskys 'Rheinsberg' in Ganzleinen als Geschenk. Es war kurz vor zwölf Uhr, und er war bereits schweißgebadet. Gehwege und Straßenasphalt tauchten selbst die Vororte in Glutwärme. Seit wenigen Tagen erst Sommer, herrschte doch seit Wochen schon extreme Wärme und Trockenheit. Die längste Trockenheit seit mehr als hundert Jahren, wie der Wetterdienst verkündete. Das Gras am Weg bleichte strohgelb, und die jungen Linden welkten und verloren bereits Blätter. Er spielte mit dem Gedanken, den Schlips abzubinden, und die Jacke über den Arm zu nehmen. Doch dann dachte er daran, dass er zu einer Hochzeitsfeier ging, und wollte nicht unfeierlich wirken. Ein kleiner Laden mit Erfrischungen und billigen Radiorekordern im Schaufenster warb in großen weißen Lettern an seiner Tür: Treten Sie ein! Greifen Sie zu, solange der Vorrat reicht! Phantasielose Anmache, dachte er. Phantasielos und oberflächlich. Er fühlte sich in seiner freudigen Erwartung gestört. Seit Monaten verblassten in seinem Bewusstsein die ehemaligen politisch-geografischen Kategorien. Fuhr er jedoch in diesen Teil der Stadt und las Straßen- oder Stationsnamen, die er aus der Vor-Wendezeit lediglich aus Rundfunk, vom Fernsehen oder vom Hörensagen kannte, dachte er an das Wort Westberlin noch immer mit einem Gefühl von Bewunderung und leiser Hoffnung. Er würde diesen Begriff nicht loswerden, solange er diese freudige Erwartung in ihm auslöste, er fahre in ein exotisches, schwer zu erreichendes Territorium, in das so viele seiner Träume emigriert waren. Er hatte das Gefühl, sein Lebenskreis hätte sich geschlossen; er wäre wieder da angekommen in seinen Empfindungen von der Stadt, wo er sie im August 1961 hatte verlassen müssen.

Am Parkeingang zahlte er an einem Häuschen aus Stahl und Glas bei einer jungen Frau Eintrittsgeld, schritt durch den Rosengarten, vorüber an Blumenrabatten, künstlich angelegten Teichen und überquerte auf einer Holzbrücke den künstlich fließenden Bach. Der Park, Resultat einer Bundesgartenschau, bildete ein erstaunliches Stück Natur, inmitten der Stadt. Hüglige Landschaft mit Spielplätzen, einer Freilichtbühne, Wiesen, jungen Bäumen, Erlengebüsch, Singvögeln, Wildenten, Parkwächtern auf Rädern, Familien mit Picknickkörben. Wilke folgte dem Weg nach einer Skizze, die Marie auf die Einladungskarte gezeichnet hatte. Schließlich traf er das junge Paar auf einer schattigen Lichtung am Bach zwischen Erlen und Weiden. Marie, barfuß, in einem langen, mit großen Mohnblüten bedrucktem Kleid, auf dem Kopf einen flachen Strohhut, dessen Wölbung mit einer Schleife aus gleichem Stoff umwunden war.

"Schön, dass du kommst", rief sie, kam auf ihn zu, und sie umarmten sich. Sie war klein, elastisch, blass, und ihre helle Stimme, ihre lebhaften forschenden Blicke verrieten Kraft und Energie. Sie waren sich wenige Wochen nach Öffnung der Mauer begegnet, als zwischen den Leuten aus Ost und West noch eine Verbundenheit aus Neugier und Anteilnahme zu verspüren war. Auf einer Werbeversammlung zur Berufsbildung hatten sie nebeneinander gesessen. Er fühlte sich mit ihr auf sympathische Art verwandt, wenngleich ihn ihr selbstsicheres Auftreten und ihre Art klar und wohlartikuliert zu sprechen, irritierten. Sie besorgte ihm die Stelle in ihrer Gesellschaft, die ihre Arbeit auf die neuen Stadtbezirke ausdehnen wollte und dazu Ausbilder von dort benötigte.

"Du bist der erste Gast", sagte sie, "aber die anderen werden auch bald eintreffen ..." Es war ihm peinlich, mit seiner Pünktlichkeit aufzufallen. Typisch Ossi: Auf der Karte stand: ...erwarten euch ab zwölf, und er traf prompt fünf nach zwölf ein.

"Die Strecke war neu für mich", sagte er und blickte entschuldigend auf die Uhr. "Mit der S-Bahn, mit dem Bus und wieder mit der Bahn, und der Schienenersatzverkehr..."

Seit dieser Versammlung vor eineinhalb Jahren hatte er zweiunddreißig Bewerbungen in alle Himmelsrichtungen Berlins versandt, um wieder in irgendeinen Bereich der Berufsbildung zu gelangen, und hatte bislang nur Ablehnungen erhalten. Keine Ablehnung enthielt den Hinweis darauf, doch in der Summe ließen sie nur einen Schluss zu (an den er Wochen zuvor noch nicht einen Gedanken vergeudet hatte): Er war z u a l t. Er versuchte sich dagegen zu wehren, aber die Enttäuschung nagte an seinem Mut. Lange vor der Wende hatte er seine Tätigkeit aufgegeben, weil man ihn gedrängt hatte, bei den Betriebskampfgruppen mitzumarschieren.

Marie stellte ihm Olaf vor, ihren Mann, der als Jugendfürsorger in Schöneberg arbeitete. Olaf, nur wenig größer als sie, trug dichtes braunes Haar, einen dunklen Schnurrbart, Brille, weißes Hemd, dunkle Hosen und ging barfuß in Sandalen. Er begrüßte Wilke zuvorkommend, fest und mit keinem Wort zu viel. Und Wilke nahm betroffen wahr, was er an sich vermisste: wie gepflegt, ausgeglichen und selbstsicher der junge Mann wirkte.

Auf der Wiese standen graue Sessel und Liegestühle aus Stahlgeflecht herum. Marie rückte einige von ihnen so hin, dass sie einen gewissen Bereich des Parks abgrenzten von den übrigen Besuchern. Olaf blies Luftballons auf und befestigte sie mit Bindfäden an den Sessellehnen, um suchenden Gästen den Weg zu weisen. Wilke half ihnen. Dann stellten sie Kästen mit Getränkeflaschen hinter eine Holzbank in den Schatten. Die Gäste trafen den ganzen Nachmittag über ein, und Marie stellte sie sogleich einander vor.

Als zweiter Gast kam ein breiter fülliger Mann mit angegrautem schwarzen Haar in hellem Anzug, weißem Hemd und Schlips. Er stellte zwei schwere lederne Reisetaschen ins Gras und wischte sich minutenlang mit einem großen Taschentuch Schweiß von Stirn und Nacken. Als Geschenk holte er aus der einen Tasche ein weites Netz an einem Holzstab.

"Oh, Tom", sagte Marie erfreut, "du bist verrückt: eine Hängematte! Die ist doch teuer."

"Keine Hängematte", sagte Tom, "ein Hängesessel, aus Nicaragua ..."

"Von einer Kooperative?"

"Richtig. Bin erst seit Montag wieder hier." Nach der Begrüßung zog Tom seinen Anzug aus, ein buntes weites Hemd an, schlüpfte in eine Jogginghose und in Badelatschen. Dann untersuchte er eine halbe Stunde lang die jungen Bäume der Umgebung nach einem vorspringenden Ast. Er fand keinen und hängte das Netz schließlich an den Stamm einer Erle neben den Getränkekästen.

Noch während Tom suchte, traf der dritte Gast ein, ein riesiger, schwerfällig wirkender Mann mit glattem dunkelblonden Haar, das ihm über die Ohren reichte. Er schien nervös, schüttelte alle Augenblicke das Haar, als störte es ihn. Marie stellte ihn als Rudolf, ein Kollege aus der GFB vor. Rudolf schleppte einen Tapeziertisch an und war vor Anstrengung und Wärme rot im Gesicht. Neben der Erle mit dem Hängesessel klappte er den Tapeziertisch aus, Marie deckte ein blaues Laken darüber, und jeder, der kam, stellte seine Schlemmersachen darauf.

Ein auffallend wohlgenährtes junges Paar in gelben T-Shirts und Jeans kam mit einem Kindersportwagen, in dem ein blasser zweijähriger Junge saß und plärrte. Die Frau schob den Wagen, trug eine prall gefüllte Reisetasche und ihr Mann einen gewaltigen Picknickkorb. "Wir irren schon eine halbe Stunde durch die Landschaft, ohne euch zu finden," sagte der Mann ohne die geringste Erregung. "War meine Wegskizze so undeutlich?" fragte Marie. "Die hatten wir vergessen mitzunehmen." Wilke nahm ihnen den schweren Korb ab, trug ihn zum Schlemmertisch, während das Elternpaar sich lange damit beschäftigte, ein schattiges Plätzchen für ihren Jungen zu suchen, ihm ständig auf den Fersen war, damit er nicht in den Bach fiel, eine Zigarette nach der anderen zu rauchen und so recht ihrem Erscheinungsbild zu entsprechen: sich ohne Hast und in aller Ruhe um sich selbst zu bemühen. Wie Wilke von Marie erfuhr, arbeiteten beide als Hausmeisterehepaar in einem Krankenhaus.

Wilke hätte sich nun auch gern seine dunklen Schuhe ausgezogen, wagte es sich aber nicht, in seinem blauen Anzug barfuß zu gehen. Er lockerte den Schlips, als räusperte er sich, öffnete verstohlen den obersten Kragenknopf und öffnete die Jacke. Ein Frotteehandtuch hatte er eingesteckt, mehr nicht.

Ein älteres Paar kam. Er im dunklen Anzug, schlank, ein wenig gebeugt, Anfang siebzig mit dünnem weißen Haar, still mit aufmerksamen gütigen Augen hinter dickgläsriger Brille; sie in dunklem Kostüm einige Jahre jünger, mit langem blonden Kräuselhaar. Sie rückten mit zwei Drahtsesseln dicht an ein Erlengebüsch, um dessen kargen Schatten zu nutzen. Zu ihnen fühlte sich Wilke hingezogen. Er setzte sich vor ihnen ins Gras, und sie kamen ins Gespräch. Der Mann sagte, er male: Landschaften und Städteansichten aus Berlin und Brandenburg, und die

Frau sagte: "Mein Mann bereitet wieder eine Ausstellung vor."

Während Getränke gereicht wurden, rückte eine Familie an, die Wilke für sich die lustigste Familie des Tages nannte: ein kleiner Mann, Mitte Dreißig, mit dünnem blondem Spitzbart und einem rührend, beinahe demütig ernsthaften Gesicht, den er vom ersten Augenblick an mochte. Seine heitere, lächelnde Frau trug eine große Schüssel Quarkspeise vor sich her zum Schlemmertisch. Ihr folgten drei Mädchen, acht bis zwölf Jahre alt, die alle das unerschütterlich komische Gesicht ihres Vaters und die Lebhaftigkeit ihrer Mutter besaßen und mit einer Wurfscheibe spielten. Beide Eltern waren, wie sich herausstellte, Lehrer an einem evangelischen Gymnasium.

Eine große Frau, Mitte Dreißig, mit dunklem im Nacken zusammengebundenem Haar, balancierte auf einem großen flachen Teller eine Pyramide kleiner Bällchen, die winzigen Berliner Pfannkuchen ähnelten. Einige der Bällchen rollten ins Gras.

"Eine frangzösiesche Ochzeitstorte," erklärte sie verlegen, die aus runden, mit Karamell verklebten Windbeuteln bestehe. Ihr Mann, groß, schlank, grau meliert, mit lächelnden schönen Augen und ein etwa zehnjähriges Mädchen, die ihr folgten, sammelten still die Bällchen aus dem Gras und legten sie zu Füßen der Pyramide auf den Tisch. Von dem alten Mann mit dem dünnen weißen Haar erfuhr Wilke, die beiden wären Lehrer an einer deutsch-französischen Schule. Auf mehreren ausgebreiteten Decken im Schatten einer Erle ließen sie sich nieder. Zu ihnen setzten sich ein hagerer Mann mit schütterem Grauhaar und dessen hübsche dunkelhaarige Frau. Aus den häufigen Anspielungen der Gäste, die der Mann mit leisen Worten lächelnd abwehrte, erfuhr Wilke, dass er beim Finanzamt arbeitete. Später kam noch eine braun gebrannte Frau, Mitte Fünfzig, in dünnem bunten Kleid. Sie setzte sich so, dass ihre schlanken Beine bis weit über die Knie zur Geltung kamen und erzählte mehrmals die Historie ihres kostbaren geflochtenen hellen Hutes. Der hätte schon zwei oder drei offenbar wohlhabenden Generationen den Kopf geziert. Wilke war erstaunt darüber, zu erfahren, was er bisher alles nicht über Strohhüte gewusst hatte.

Als es Zeit zum Essen war, versammelte Marie die Gäste um den Schlemmertisch, stellte noch einmal kurz jeden vor, Olaf fotografierte, und dann machte man sich über das Mitgebrachte her. Danach setzte man sich in Grüppchen verteilt auf die Schattenflecken der Lichtung. Einige Gäste ruhten mit geschlossenen Augen, andere unterhielten sich. Wilke setzte sich mal zu diesem, mal zu jenem Gast, sprach mit ihnen über das Jahrhundertwetter, über die ballspielenden Kinder, über die Schönheiten des Parkgeländes, über die frischvereinigte Situation Berlins und Deutschlands; sprach über sich, riss seine Vergangenheit an, die Unterschiede zwischen seinen Vor- und Nachwendehoffnungen, dass er auf der Suche nach einer guten Arbeit wäre. Er glaubte, mit ihnen und über ihrer aller Probleme zu sprechen, über ihre jetzt gemeinsame Stadt, über ihre jetzt gemeinsamen Gewohnheiten, Ängste, Befürchtungen. Doch schien es so, als spräche er für sich selbst, nur über sich. Er las es von ihren entspannten Gesichtern, aus ihrer selbstsicheren Zufriedenheit: er blieb allein mit sich, draußen, außerhalb ihrer Begriffe, ihrer Wortwahl, ihrer Vorstellungswelt, außerhalb ihrer Vergangenheit. Seine Vergangenheit zählte hier nur als kurioses Anhängsel; als eine frühere Krankheit, mit der jeder selbst fertig werden musste; als eine aus der Mode geratene Anschauung, über die man nur ungern sprach; als eine ungültige Währung, die man belächelte. Ein Bild aus der Nachkriegszeit fiel ihm ein: Auf dem Schulhof zur Zeit der Währungsreform: Ältere Jungen schenkten seinem Freund und ihm große Geldscheine. Er lief freudig zum

Eisladen neben der Schule und wurde von den Jungen und der Verkäuferin ausgelacht.

Die Frau mit dem kostbaren Strohhut hatte sich neben ihm auf einer Drahtliege ausgestreckt, und er vertiefte sich in den Anblick ihrer hübschen Beine. Sie schien in seinem Gesicht zu lesen.

"Manchmal schäme ich mich dafür", sagte sie, "wie selbstsicher und egoistisch, wie einnehmend wir auftreten im Osten, wie deutlich der Kontrast zu den Leuten von drüben wirkt."

"Das ist nur zu menschlich", beschwichtigte Wilke. Er spürte es, er war in Bewegung, doch schien er ihnen lediglich hinterher zu eilen. Die Mauer war fort. Ohne Zweifel. Er kam hierher, noch immer r ü b e r, per Bahn. Ganz und gar wirklich. Nicht mehr nur in kompensierenden Tag- und Nachtträumen, in Wunschgedanken, in seiner Fantasie, in futuristischen Gesprächen mit Freunden und Bekannten, sondern greifbar wirklich. Er fühlte es: die Wärme. Sein Hemd, das feucht auf Brust und Rücken klebte; fühlte den Händedruck der Gäste, hörte ihre Worte und doch weilte er noch immer außerhalb, hinter einer Mauer aus Träumen, Illusionen, Wünschen, die er jahrzehntelang mühsam errichtet hatte, und die sich gegen ein absichtliches Wegschieben wehrte. Sie lachten an Stellen, an denen er noch nicht lachen konnte; witzelten über Börsenberichte, Steuerausgleichszahlungen, Bausparverträge ... Und nahm er sich selbst wahr im Gespräch, erschienen ihm die zwei Sichten wie Folien, die er übereinander schob, ohne Schärfe zu erreichen.

Gestern Abend hatte er im Fernsehen einen Bericht vom Alaska-Highway verfolgt. Ein neunzigjähriger Indianer in einem Dorf nahe dieser Autotrasse trauerte darüber, dass niemand ihn sozial unterstützte. Er selbst hätte in jungen Jahren für die Alten seines Stammes gesorgt, ohne nach Geld zu fragen. Schoß ihm heute jemand eine Ente, müsste er sie bezahlen. Aber wovon? Wilke schien, als wohnte auch er jetzt, sie alle, am Alaska-Highway, und als kämen auf diesem gigantischen Asphaltband vor allem die kühlen Rechner voran, als wohnten sie an einer Schnellstraße der Mitleidlosen. Der alte Indianer hatte ihm unsagbar leidgetan, wie er sich in seiner Trauer von der Kamera wegwandte.

Er hätte es wissen müssen! Das war doch keine neue Erfahrung: Die Wirklichkeit blieb zurück hinter der Kraft seiner Vorstellungen. Was war die Wirklichkeit gegen die Kraft von Ideen. An ihnen waren beispielsweise Mauern und ein Imperium zerbrochen. Und dies nicht zum ersten Mal.

Am vorgerückten Nachmittag setzten sie sich auf Decken um die Erle, tranken Wein und sangen Lieder. Wilke setzte sich zum Maler und seiner Frau, und sie unterhielten sich leise. Bei ihnen hatte er das Empfinden, sie hörten ihm tatsächlich zu. Er erfuhr, dass der alte Mann mehrere Jahre im KZ-Sachsenhausen hatte verbringen müssen und nach dem Krieg in der Gewerkschaftsbewegung tätig war. Seine Frau schrieb noch heute Bücher über den Widerstand, und beide sprachen häufig in Schulen mit Jugendlichen zu diesem Thema.

Wilke musste sich jetzt anstrengen, dem Gespräch zu folgen. Ihm verschwammen die Zeitebenen wie Fotos, die man auf einen Tisch geworfen und die er sich ohne Lesebrille anzusehen hatte. Seine Empfindungen konnten so rasch die Zeiten nicht wechseln. Jetzt reden sie von der vorletzten Vergangenheit, meiner vorletzten aber ihrer letzten Vergangenheit, dachte er, als müsste er jeden Gedanken lautieren. Ihm schwindelte, als er zu ergründen suchte, weshalb ausgerechnet ihn dieser Zeittaumel befiel, während die anderen, diese ganze Westhochzeitsgesellschaft, unbeschwert trank, erzählte, sang. Plötzlich durchzuckten Schmerzen seine linke Schläfe. Alkohol und

Wärme, dachte er. Du bist diese Art des Feierns nicht gewohnt. Er entfernte sich unauffällig, nahm seine Tasche, ging den Bach entlang zu einem versteckten schattigen Plätzchen, breitete ein Handtuch aufs Gras, legte sich darauf, die Tasche als Kopfstütze. Leise plätscherte ein künstlicher Wasserfall. Auf dem gegenüberliegenden Hügel fuhr ein Mehrzweckfahrzeug entlang, das einem Dumper ähnelte, und wendete Heu.

Er erwachte in der Dämmerung. In seinen Schläfen pulsierte ein scharfes Stechen. Seine Müdigkeit hatte sich in bleierne Trägheit verwandelt. Er erhob sich nur ungern. Die Hochzeitsgesellschaft war fort, die Lichtung geräumt. Er schritt wie benommen zum Ausgang. Der Park war menschenleer, die stählerne Tür verschlossen. Er warf seine Tasche über den Zaun und kletterte schwerfällig hinüber, sprang auf den Gehweg. In seinem Schädel polterte eine schwere Kugel gegen seine Stirn. Ruhig! Immer ruhig!, sagte er zu sich. Es ist doch überstanden. Was willst du mehr? Vor den Gärten parkten Autos. Grillgerüche und Rekordermusik zogen auf die Straße. Er fühlte sich hoffnungslos allein, wie früher als Kind einmal, als er mit zerrissener Hose bis zur Dunkelheit in einem Gebüsch hockte und sich nicht in die Wohnung wagte. Die Gedanken daran sind blödsinnig, dachte er. Müdigkeit und Wärme drückten ihm auf die Lider. An dem Laden mit der dummen Reklame blieb er stehen, betrachtete sich die Auslage, ohne sie wirklich zu sehen: Getränkeflaschen, billige Radiorekorder, der noch billigere Reklamespruch: ...Treten Sie ein ...

In einer Aufwallung von Entschlossenheit hob er den rechten Fuß und trat in das Schaufenster. Er setzte seinen ganzen Zorn in diesen Tritt und dachte im gleichen Moment: Dieser Tritt kommt um Jahre verspätet. Es klirrte, als wären leere Flaschen auf dem Gehweg zersplittert. Gleichzeitig spürte er an der Fußsohle einen schneidenden

Schmerz. Er schritt rasch weiter und hatte das Empfinden, mit dem Fuß in warmem Morast zu stecken. Was soll das, du Schwachkopf, sagte er leise. Warum? An einer Blumenrabatte setzte er sich zwischen Studentenblumen ins staubige Gras, zog sich den Schuh aus und sah ohne jede Erregung, wie es dunkel herausschwappte. Er starrte auf das Rinnsal, das von seinem Fuß durch das kurze braune Gras kroch, sich an der Steinkante sammelte und auf den Gehweg rann. Er stellte den Schuh neben sich und legte sich auf den Rücken. Die Kopfschmerzen wichen einer weiten Leere. Es roch nach dem Garten seiner Großeltern und nach vielen vergangenen Sommern. Geduld! dachte er, nur nicht nervös werden ... Grashalme berührten wie vertraulich sein Ohr. Dann wurde es dunkel um ihn, und er hörte die Leute nicht, die sich vor dem Laden einfanden.

Veröffentlicht in 'Im Zwiespalt', Anthologie mit Texten von 60 Autor/innen aus 21 Ländern, Oberbaum Verlag GmbH, 1999, sowie in 'East Side Stories', Holzheimer Verlag.

Den Titel "Aus den Notizen eines Angepassten" entnahm ich meinen gleichlautenden Lesungen 1992 in Köpenick im "Club 17" sowie im "Bürgerhaus Grünau".
Der Titel impliziert den Widerspruch, unter dem Schreibende in der DDR gearbeitet und gelebt haben. Denn wer das Leben unter der Anpassung beschreibt oder davon erzählt, widersetzt sich ihr zugleich.

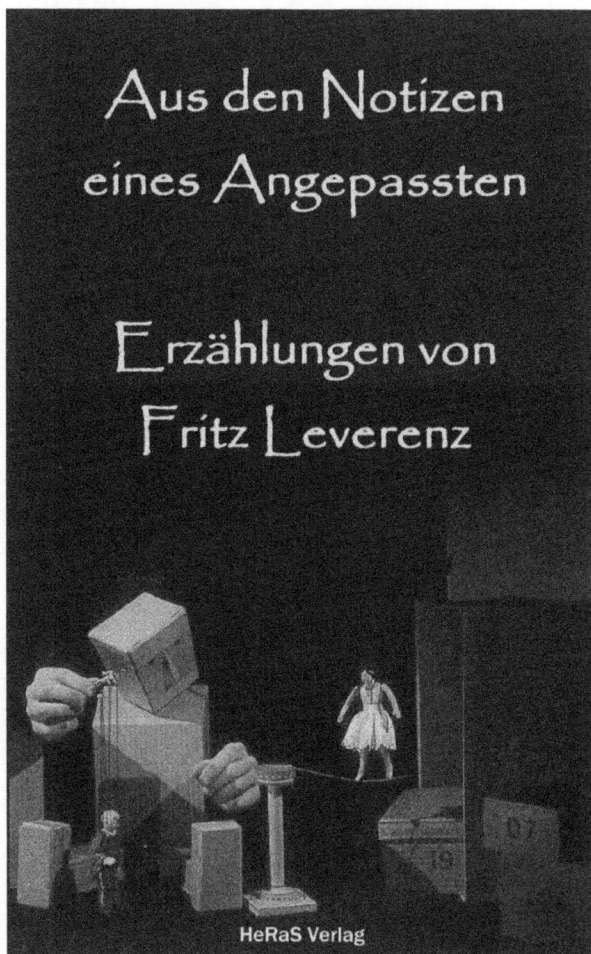

Aus den Notizen eines Angepassten

Erzählungen von Fritz Leverenz

HeRaS Verlag

Willi Neumann, neunzehn Jahre alt, mit seinen Eltern sieben Jahre vor dem Mauerfall aus Berlin-Prenzlauer Berg nach Berlin-Charlottenburg „ausgereist", hatte Freunde, Verwandte und seine kleine Schulfreundin Elisa im Osten zurücklassen müssen und nie den Sinn der Ausreise wirklich begriffen. Im November des Mauerfalls trifft er Elisa wieder...

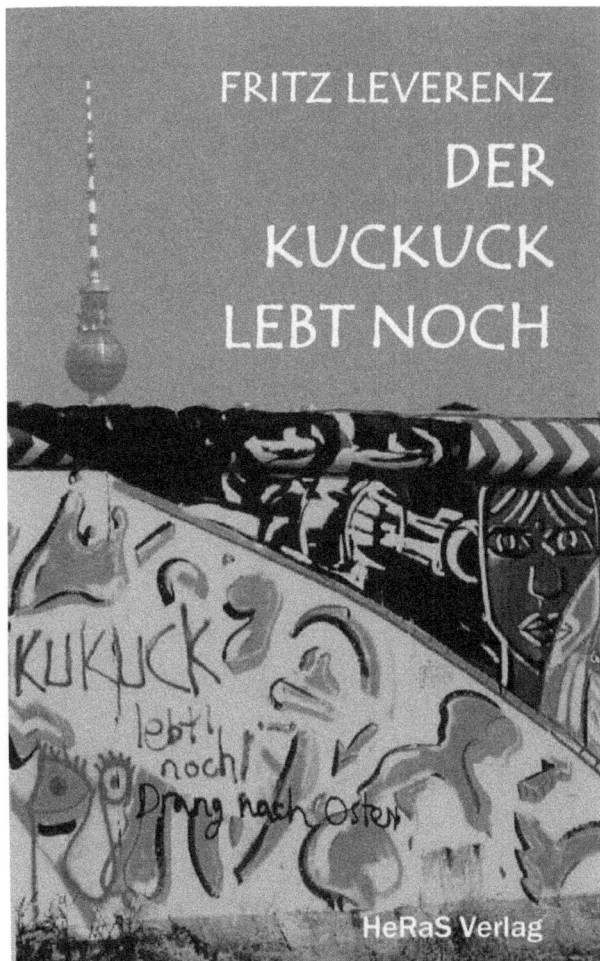

FRITZ LEVERENZ

DER KUCKUCK LEBT NOCH

HeRaS Verlag

www.herasverlag.de